お菓子で世界を旅する

vol.7

Saint-honoré　サントノーレ

サントノーレはフランスの古典菓子の一つです。円形のパイの上にキャラメルがけした小さなシューが並び、中央にクリームシャンティーまたはクレームシブーストを絞った美しい姿をショーケースで見かけたことがある方も多いと思います。生地も2種類、クリームにイタリアンメレンゲが入ったりと手間も時間もかかるので、家庭で作るというよりはお菓子屋さんで買うケーキになるでしょうか。

偉大なる菓子職人シブースト（の弟子という説もあり）が発案したお菓子としても有名です。サントノーレという名前の由来についてはパリ1区にあったシブーストの店がサントノーレ通りに面していたから、またはお菓子とパンの守護聖人聖オノレに奉げられたなど諸説ありますがお菓子の歴史に名を残す名作の一つであることは間違いないでしょう。

フランスではどこのお菓子屋さんでも見かけますが日本であまり浸透しないのは、味わいではなくその大きさに問題があるのかも。このお菓子は小さく作るのが難しく、一人分が結構な大きさになってしまいます。欧米に比べれば少食な日本人の胃には、ちょっとキツイ大きさかもしれません。あとは湿気。プチシューが日本の湿度ではどうしてもすぐに湿気てしまい、本来の美味しさから遠くなってしまうことは否めません。とはいえパイ生地作りから始めて何工程もあるこのお菓子が、美味しくないはずはありません。

このサントノーレ、パリでは日曜日にしか作らないそうです。ちょっと特別感のあるお菓子なのですね。まだ食べたことがないという方は次の日曜日、お茶の時間にいかがでしょうか。美味しく食べるコツは買ったら出来るだけ早く食べること。カリカリとした飴が美味しいうちに召し上がってくださいね。

くろねこ軒　池谷信乃

―

神奈川県出身。広告代理店、CM音楽制作会社を経て東京・国立にてショーケースのないお菓子工房くろねこ軒を開店。菓子教室、NetShop、オーダーメイド、イベントを軸にお菓子を製作。本・雑誌にレシピを掲載、NHK文化センター講師（不定期）を務める。著書に『くろねこ軒の焼き菓子Recette』（けやき出版）『くろねこ軒のさくさく、ほろほろ欧風クッキー』（マイナビ）がある。好きなお菓子はトランシュ・オ・ポムとコンベルサシオン。家族は猫4匹と犬1匹、夫1人。

連載

可愛さあまって看板どうぶつ

03

「CHANG's 31」の いざ

十六夜《いざよい》から名付けられたといういざちゃん。入口の定位置でいつものんびり寝そべりながら、大学通りを行き交う人々を観察している。その姿は大人にも子どもにも人気で、みんな手を振ったり、名前を呼んだり、なでたりと、つかの間いざちゃんの雰囲気に包まれて、ほっこりと柔らかい表情で旅立ってゆく。

お店は、開店してもうすぐ40年。店内のいたるところに国内外のアンティーク雑貨がずらり。「ここにはね、猫好きの人も来るの」とオーナーのチャンさん。何でですか？と聞くと、「この子、よく眠るし猫みたいだから。犬ってぺろぺろなめてきたり、まとわりついたりするでしょ。そういうの一切なくてねぇ」と笑った。

いつものんびりした雰囲気のいざちゃんだが、大好きなのはとかげ取り。まちに暮らす人に愛され、国立にまだ残る自然の中で野生の勘も取り戻しつつ、今日もいざちゃんは、のびのびご機嫌に暮らしている。

この看板どうぶつに会える店

CHANG's 31

大学通り沿いにある、アンティーク雑貨店。掘出し物が必ず見つかる秘密の名店。
11:00〜18:00／月〜金休／国立市東2丁目

グルコサミン入りのジャーキーが大好き！

店内から眺める大学通りは、まるで海外。

WEST TOKYO
仕事図鑑

イラスト：つちもちしんじ

VOL.03
鍾乳洞守り人

小さな橋を渡った先にある、赤い屋根が目印のチケット販売所。休憩もできます。

鍾乳洞の入り口は売店のすぐ近く。異空間の玄関のようです。

ヘルメットを借りて、いざ進入。怪獣の背中のような洞窟が、上下左右に続きます。

休憩所には先代の守り人であり田中さんの祖母、ユキさんの写真がたくさん飾ってあります。

お客さんにはチケットの「探勝券」を渡します。田中さんは物心ついた頃から店番を手伝っていたそうです。

○祖父母から受け継いだ鍾乳洞

武蔵五日市駅からバスに揺られて着いた大岳山麓。1961年にこの場所で最初に鍾乳洞を発見したのが現在の守り人である田中嘉仲さんのお祖父さん。翌年の1962年からは観光資源として一般公開され、以来田中さんのお祖父さんとお祖母さんが守り人を担ってきました。田中さんは物心ついた頃から受付を手伝ったり、友達と鍾乳洞を駆け回ったりして遊んでいたそうです。名物看板娘として半世紀にわたり鍾乳洞を守り続けた祖母のユキさんが100歳で大往生したのが2016年。その後は孫の嘉仲さんがそれまで勤めていた会社を退社し、夫婦で守り人を受け継ぎました。奥さまの友美さんは嘉仲さんの中学の同級生、友美さんにとってもこの鍾乳洞は幼少から馴染み深いものだったと言います。鍾乳石や石筍が良好な保存状態で多数見られる全長約300メートルのこの鍾乳洞は学術的にも貴重なため、都の天然記念物に指定されています。「おばあちゃん子でしたからね」と話す嘉仲さん、当たり前でもあり特別なこの場所と思い出を、今は夫婦で守り続けています。

大岳鍾乳洞

9:00～17:00／不定休／あきる野市養沢1587／JR五日市線武蔵五日市駅からバスで「大岳鍾乳洞入口」下車、徒歩25分／042-596-4201

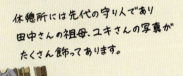

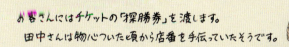

とばなれ

都心からすこしはなれたまちと人

tobanare.com

『とばなれ』は2017年春からスタートした新しいwebメディアです。

「都心から少しはなれたまちと人」をテーマに

23区外の東京にフォーカスした記事を毎週２回、水曜日と金曜日に更新します。

「ローカル」とも「TOKYO」ともちょっと違う、

真ん中から少しはなれた人、場所、風景、できればその空気や気配。

そんな情報を、東京のエアポケットのようなところから皆さんにお届けできればと思っています。

@tobanare

とばなれ編集部

いとしの食堂

10月30日
今日のごはん
◦つくば鶏のからあげ定食
◦つくば鶏の蒸し鶏定食
◦北海道放牧豚(厚真町)のしょうが焼き定食
岩手焼魚定食
◦さば 850えん
◦ほっけ 950えん
◦さんまの開き 800えん
◦三陸タコの唐揚げと里いもの煮物定食 950えん

お腹が空いたなら

食堂が好きだ。

暖簾をくぐる時の、あのちょっとした高揚感。入って目にするのは、さまざまなお客さんが寄り合い肩を並べている光景。それは、まるで一家の食卓のよう。

香る味噌汁の匂い、炊きたてのご飯、ずらりと並んだお品書き。店に溢れる「満腹にさせたい」という気配が、嬉しくって頼もしい。

そんな愉しみを味わいたくて、まちの食堂へ、今日も行く。

PHOTO (P6-19): Yurica Terashima

New wave 1 三鷹

定食あさひ

「つくば鶏の唐揚げ定食」
850 円

つくば鶏の唐揚げ　里芋の煮物
ぬか漬け　味噌汁　ご飯

顔がほころぶ味を、いつでも。

多摩ニューウェーブ食堂

1

HINO ASAKO YASUHIKO

日野麻子　泰彦

転職を機に自らお店を開こうと決意し、定食あさひをオープン。一児の父母でもある二人。定食には、親心を感じる滋味が溢れている。

開店時間を過ぎると、お客さんが次々に暖簾をくぐっていく。お店に入って真っ先に目につくのは、大きなL字型のカウンターテーブル。中央の厨房を囲うように、お客さんがご飯を食べるスタイルだ。お一人様であっても、他人の存在感を程よく感じられるのが良い。カウンターの向こうには、店主の泰彦さん。その手際よく調理をこなしていく様に思わず目を奪われる。すると「はい、お茶どうぞ」と、優しい笑顔の麻子さんがやってくる。ちょうど入口からは、傾きはじめた日の光が差し込み、店内をほんのり照らしていて、それが店の温かな雰囲気をいっそう引き立てているようだ。

「『あさひ』という名前は、早い段階で決まっていました。『朝日が差し込む食堂』というイメージで。本当は西日しか入ってこないんですが…（笑）」（泰彦さん）

「実際のところは、完全に夕日ですね（笑）」（麻子さん）

穏やかな笑顔で顔を見合わせる、店主ご夫婦。

二人がこの店を開いたのは、今から約3年前。飲食に関わるお仕事をしていた二人は、転職を機に「自分たちの店を開こう」と思いたったという。

「飲食関係の仕事に就いた時から『いずれは自分の店を』という気持ちがありました。最初はカフェやパン屋もい

1 麻子さんの和やかな接客も、店の魅力。***2*** レトロな外観が目を引く。***3*** カウンター越しに泰彦さんの調理の手際良さに見とれる。

いな、と思っていたんです。でも、『自分が作ったご飯で、元気になってほしい』と考えた時に、味噌汁と白米が頭に浮かんで。それなら定食屋だなと」（泰彦さん）

定食あさひのこだわりは、毎日ニボシや野菜などから丁寧に出汁をとる味噌汁。一口すると、体の緊張がほぐれる優しい味がする。中の具が日替わりというのも嬉しい。飽きないように、という泰彦さんの心遣いだ。

「きちんと出汁をとった味噌汁。それがこの店の要かもしれません」（泰彦さん）

目指すのは、お客さんにとっての「日常のご飯」。気取らず背伸びをせず。日替わり定食は、その日の午前の仕込みの段階で決めるそうだ。

「今日は寒いから、シチューにしようとか。その日にお客さんが食べたいものを想像します。本当に家の献立を作るのと同じ思考なんです」（泰彦さん）

自分が作りたいものではなく、お客さんが食べたいものを。そんなお客さん本位が、嬉しい。

そしてもう一つ大事にしているのは、素材。

「ただ単に美味しいのではなくて、できればその素材がどうやって育てられたのかを知りたい。『どんな人がどんな気持ちで育てたものなのか』が分かると、ご飯がいっそう美味しくなると思っているんです」（麻子さん）

二階の座敷席では子連れのお客さんたちの利用も多い。自身も一児の父母である二人。子育ての大変さが分かるからこそ「ここに来て、少しでも気持ちが和らいでくれたら嬉しい」と口を揃える。

そんな二人の気持ちがあるからだろうか。店内に漂うのは、まるで家のような、安心を誘う「食卓感」。それを伝えると、「同じ釜の飯を食べているから、でしょうか（笑）」と泰彦さん。定食を食べた者同士、妙な親近感が生まれるのは、偶然ではないはず。

「お客さまの好みが、だんだん分かってくるんです。この人はご飯が少なめ、トマトは嫌い、とか。そんなちょっとしたコミュニケーションも楽しいですね。日々、発見があります」（麻子さん）

定食あさひに居て強く感じるのは、店に立つ二人の、さりげなく気の利いた優しさ。それが大仰なものではないから、とても居心地がよい。それがお客を選ばず親しまれる、街角の定食屋たる魅力なのだろう。

定食あさひ

DATA 12:00～14:00、18:00～22:00／火水休／三鷹市下連雀2-23-15／JR中央線三鷹駅徒歩12分／0422-24-8071

「定食あさひ」のトクベツ、教えてください！

手間暇かけた、日替わり味噌汁レシピ

定食の要・味噌汁の仕込みに密着。開店前の午前９時、
食材がたっぷり集まった店内で、泰彦さんの仕込み作業がはじまった。

AM 9:00 出汁をとるため、頭と内臓を取ったニボシと野菜の皮やヘタを煮ていく。野菜がニボシの臭みをとって、香りがまろやかに。

AM 9:30 ざっと灰汁をとる。煮込む間に具材の準備を。本日の具は、わかめ・豆腐・油揚げ・旬のかぼちゃ。

AM 10:00 黒板の書き換え、ぬか漬けの仕込みなど、着々と開店準備が進んでいく…。

AM 10:30 味見をして出汁の濃さを確認してから漉す。出汁を濃くしすぎないのがコツ。

AM 11:00 出汁にかぼちゃと油揚げを入れ、かぼちゃが柔らかくなったら味噌を入れる。味噌は生活クラブの「田舎みそ」。

PM 12:00 食べる前にわかめと豆腐を入れて、出来上がり。 本日の日替わり定食はクリームシチュー。洋食にも味噌汁と白米がつくのが「あさひ」流。

New wave 2 国立

Mokuji

「いろいろお野菜の揚げ春巻き コチュジャンだれ定食」

1,188 円

野菜の揚げ春巻き
きゅうりと切り干し大根の柚子胡椒和え
かぼちゃとアラメの粒マスタード和え
豆腐の自家製なめ茸のせ
味噌汁　ご飯（五分づき米）

ものがたりがはじまる食堂に

2

OTSUKI HAYATO・EMI

大月勇人・絵美

丸メガネがお似合いの二人のモットーは「日々を楽しむ」。Mokujiには「お客さんを楽しませたい」との思いが詰まっている。

平日のランチタイム。どことなくレトロな佇まいの扉を開けると、小物が並んだ雑貨スペースの奥から、「いらっしゃいませー」と優しい声。カウンターにはお一人様、テーブル席にはご夫婦の先客が。その間を通り抜けてテーブル席に着く。

隣に座っていたご夫婦は、どうやらよくこの店に来るらしい。今日もおいしいね、と顔をほころばせ合っている。そんな幸せな日常に、ほっこり。

「今週の定食」を注文後、待つことしばらく。運ばれてきた定食からは、ほくほくと湯気が立ち上り、それだけでとても美味しそうで、つい食べる前に見とれてしまう。

いただきます、と一口頬張ると、こっちもおいしい、あっちもおいしい、と箸が止まらなくなった。ご飯が次々に、するりとお腹に消えていく。最後の一口を名残惜しく噛み締めたところで、「そういえば肉がなかった」と気がついた。

「動物性食材を使用していない料理、ではあるんですけど、それを売りにはしていないんです」(絵美さん)

「うん。うちの売りは『おいしくて満足感のある料理を丁寧に作ること』だよね」(勇人さん)

勇人さんが野菜中心の料理と出会ったのは、Mokujiを開く前に働いていた、吉祥寺にあったbase cafe(現 食堂ヒト

1 雑貨コーナーと食堂コーナーがゆるやかに区切られている、明るい店内。***2*** 絵美さんのデザインが光るオリジナルグッズ。***3*** アクセサリーや置物など、いろんなジャンルがあるので見ていて楽しい。***4*** つながりのある作家さんの作品も多数。

2

1

4

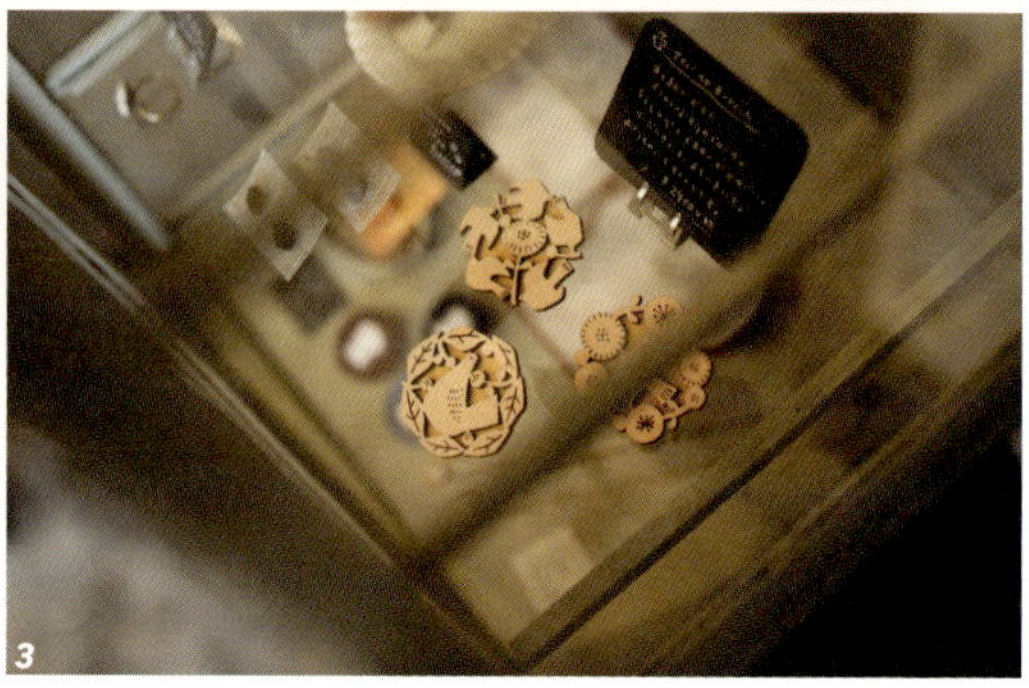

3

ト）。その時に教わった、野菜のおいしさを引き出すオリジナルの調理法やソース作りを大切にしているそうだ。

　とはいえ当初は料理へのこだわりはなかったらしい。なぜ食堂をはじめたのだろう。

「30歳の時に『自分の場所を作りたい』って思ったんです。そこにご飯があるといいな、と。おにぎりとかカレーとか、自分の好きなものを模索していたのですが、base cafeで出会った料理に感激して。そこで働けたことも大きなきっかけになって、これだ、と。それで脱サラして」（勇人さん）

　それからいくつかのお店で経験を積み、2015年ついに念願の自店をオープン。

「目次って、色んなカテゴリーのものが一つのページに並びますよね。この店も、それと同じで年齢も性別も限定せず、どんなお客さんにとっても落ち着ける場所にしたい」（勇人さん）

　そして、その思いをともに形づくるのが、パートナーの絵美さん。

「Mokujiという名前には、『ものがたりがはじまる場所に』という思いがこもっています。それぞれの方法で、ここを楽しんでほしいんです」（絵美さん）

　イラストレーター兼デザイナーの顔を持つ絵美さん。食堂のホールをしながら、雑貨コーナーの棚作りもしている。この雑貨コーナー、古道具や骨董品などが、独特の存在感を醸し出していて、とても面白い。

「自分が良いと思ったもの、好きだと思えるものを置いています。なので中にはマニアックすぎて売れないものも（笑）。はたから見ると、まったく共通点がないのも、独特かもしれません」（絵美さん）

　中には、絵美さんがデザインしたMokujiオリジナル商品も。

「枠に収まらない感じは、食堂も雑貨も一緒ですね（笑）」（絵美さん）

　Mokujiは、カフェでも居酒屋でも雑貨屋でもある。そんな曖昧さ、多様さゆえに、サラリーマンが一杯ひっかけている横で、女子会が催されている、というアンバランスな光景も日常茶飯事だそうだ。

「少しずつでも、常に変化していたい。カテゴライズされない面白さを大切にしたいから」

　勇人さん、絵美さんが楽しむように口にしたその一言に、この店の源があるように感じた。

Mokuji

DATA 12:00～15:00、18:00～21:00／月火休み／国分寺市日吉町2-33-20シャルムビル102／JR中央線国立駅徒歩8分／042-573-0575／www.Mokujinet.com

「Mokuji」のトクベツ、教えてください！

店主オススメ、心くすぐる雑貨９選

「顔のある、用途のないものたちが心底かわいい」と絵美さん。なんとも言えない表情が、たまらなく愛しい。雑貨のディスプレイは流動的なので、購入希望の場合は、絵美さんに確認を。

ペンギンライト

骨董市で出会ったペンギン。
実は光るという驚き！

だるま

この愛嬌のある表情！
描こうと思っても、なかなか描けません。

オリジナルポストカード

全8種(210円〜)。活版や特殊印刷なので
手ざわりも楽しめます。

クマの置物①

この子は、育ちのいい子ですよ！
目がガラスなんです。

うずら車

郷土玩具も多数。
これは宮崎県発祥のものらしいです。

クマの置物②

クマはクマでも、ちょっと
デフォルメされた容貌がかわいい。

オリジナル缶バッジ

全10種(250円)。期間限定の
デザインがあったり、なかったり。

リスの人形

下手な感じがいい。リボンが
レトロ感を醸し出しています。

モール人形3体セット

この子たちは勇人さんの一押し。
小さいけど抜群の存在感。

New wave 3 **小金井**

あたらしい日常料理 ふじわら

「日替わり ごはんプレート」
1,296円

さんまのゴマ焼き　冬瓜と厚揚げの煮物
季節野菜グリル　もろみ添え
切り干し大根　パクチーレモンオイル
かぶ、ラディッシュの醤油かす和え
新米（七分つき）　味噌汁

いつもの食卓に、あたらしさを

3

FUJIWARA NAO

藤原奈緒

「食卓を、料理を楽しく」藤原さんのポリシーは、シンプル。びん詰め調味料のアトリエという位置付けで、2014年にオープンした店は、そんな藤原さんの思いが伝わる場所。

東小金井駅近くの高架下には、5組のクリエイターのアトリエが併設する「アトリエテンポ」という場所がある。モノ作りの「テンポ」が感じられるようにと、店内では実際に作り手の作業が見られるようになっている。会話を楽しめるくらい、作る人と使う人の近い距離感が、この場所の何よりも魅力。

そしてアトリエテンポで唯一、食事を提供しているのが「あたらしい日常料理 ふじわら」だ。店の名前を聞いて気になるのは「あたらしい日常料理」という言葉。そこには一体どんな思いが込められているのだろう。

「家庭のご飯をおいしくする手伝いをしたいと思っているんです。飲食店をやろうとは考えていませんでした」(店主・藤原奈緒さん)

藤原さんは家庭料理にアプローチしたい、と思って料理の仕事をはじめたという。飲食店で長く働き、料理教室をはじめた。

「自分でおいしいごはんが作れることがその人の支えになったり、家庭のごはんがおいしくてうまく回ることっていっぱいあると思うんです。それと、料理は楽しいことなので、もっと楽しんでもらいたいな、と思って」

素材と調味料がよければ、ごはんをおいしく作るのは難しくない、と藤原さん。藤原さんが考案したびん詰めの調味料は、まさしくそれをかたちにし

1 地元野菜を多く使用している。***2*** 一つひとつを丁寧に調理していく。***3*** 素材を大事にする藤原さん。料理する目が優しい。***4*** 木の温もりを感じる店内。リラックスしてご飯を味わう。***5*** アトリエテンポは、さまざまな作り手が集まる場所。

ている。切った野菜にかけるだけ、いつものスープに垂らすだけで、まるでドレスを纏うように、いつもの料理の風味が増す。

「飲食店でハードに働く中で、自分の仕事を楽にするために作っていた調味料をびんに詰めてみたところ、違う景色が見えたんですね。思っていたよりいろんな使い方ができることも見えて、これは家庭でも活躍してくれるだろう、と思って」

そして2013年に商品化をしたところ、遠方からの問い合わせがあるなど、想像以上の反響があったという。

「料理教室では、その時に会った方に深く自分の思いや方法を伝えられる。でも何か足りないな、と思っていたんです。伝えられる人が限られてしまうというか。びん詰め調味料の反響を受けた時に、これだ、と思いました。これでもっとたくさんの人に伝えられる、と」

約3年前にアトリエテンポにできた店は、まさにこのびん詰め調味料を紹介するためのアンテナショップとしてスタートした場所だった。

「店と製造を一緒にはじめてしまったので、最初は本当に大変でした。でも暗い顔をしていたお客さんが、明るい表情になったり、料理に疎そうな男性がびん詰め調味料を買っていく姿があったりと、反応が直に伝わってくるのが本当に嬉しくて。それがやりがいになりました」

藤原さんは食堂や調味料と料理教室の企画、イベントへの出店などと、一つのかたちに留まらず多彩な活動をこなす。店も4年目となったことで、これまで以上に腰を据えて何事にも取り組めるようになってきたそうだ。

「ふじわら」は、「家庭の食卓に、何かいいもの、を持ち帰ってもらう場所」。単においしいご飯でお腹と心を満たす場所ではない。ご飯を口にしながら、この料理作ってみたい、自分ならこの調味料を何にかけようか…などと、自分を主体に、どんどん想像が膨らんでいく。その料理のヒントこそ、藤原さんがくれる日常料理の「あたらしさ」。ご飯は、言葉や写真よりも雄弁に、作った人の気持ちを伝えてくれる。

「食べてもらえれば、きっと伝わる」

それが藤原さんの作るご飯の力なのだろう。

あたらしい日常料理

ふじわら

DATA 11:30～14:30、18:00～22:00／火水木休み／小金井市梶野町5-10-58コミュニティステーション東小金井atelier tempo内／JR中央線東小金井駅徒歩2分／042-316-5613／nichijyoryori.com/

「ふじわら」のトクベツ、教えてください！

料理を楽しくする、
オリジナルびん詰め調味料

藤原さんが考案した、びん詰め調味料は、いつもの料理を華やかにしてくれる食卓のお供。味を試したい人は、「ふじわら」の定食をご賞味あれ。

揚げにんにく、干しエビ、ナッツに加え、香り付けにパクチーの根っこが入った、エスニック風味のハーブ塩。焼き野菜にぜひ。サラダや塩焼きそばにも。

「にんにくえび塩」810円

生姜がたっぷり入っていて、他にない風味と自然な辛さ。素材を生かしたおいしいカレーが作れる。辛味を足したいときには「おいしい唐辛子」をプラス。

「カレーのもと」1,404円

豆腐やサラダ、刺身、肉のソテーにかけるだけで、いつもと一味違う美味しさに。さっぱりとした味なので、いろんな素材に合う。パスタやパンに合う。

「パクチーレモンオイル」756円

花椒の香りをうつしたオイル。醤油に合わせても良い。お鍋にたらせば、スパイシーな香りに体もますます温まる。

「花椒オイル」702円

スパイスで香り付けした唐辛子が、いつもの料理の味を引き立てる。子ども用に作った甘口カレーに加えれば、大人仕様の辛口に。料理の辛味調整に幅広く使える。

「おいしい唐辛子」
35g 756円、60g 1,188円

台湾茶「東方美人」の香りをうつしたオイル。蒸した野菜やゆで鶏、魚介にさっとかけるだけで、いつものシンプルなお皿が特別な味になる。

「東方美人オイル」756円

New wave 4 八王子

中町食堂

DATA 月～金11:30～15:00・17:00～24:00、土日祝17:00～24:00／無休／八王子市中町2-15／JR中央線八王子駅徒歩5分／042-649-4446／nakachoshokudo.wixsite.com/nakacho

「豚のしょうが焼き定食」900円

豚のしょうが焼き
選べる惣菜2品
さつまいものはちみつレモン煮
ひじきの煮物
雑穀ご飯　味噌汁

ノスタルジーに浸る、古民家食堂

ガラリと引き戸を開けて中に入ると、目の前には段差があり、立っているところが土間であることに気がつく。入口から奥の厨房まで見通せる、昔ながらの長屋の趣がある。厨房からはトトトンと包丁の調子の良い音が聞こえてくる。来る人を「懐かしい」と思わせる、独特の空間。オーナーの田中さんは、築約50年、元は駄菓子屋の建物という、ノスタルジックな雰囲気に強くひかれたそうだ。できるだけ内装はそのままに、食堂として2015年にオープン。

「変化の多いこの駅界隈で、あえて変わらない場所であり続けたい」(店長・小榎さん)。昼は食堂、夜にはワインバルという使い分けも魅力。ビジネスマンや子連れのお客さまなど客層は幅広く、さまざまな人にとってホッと落ち着ける場所になっているようだ。特徴的なのは、選べる2種の惣菜。厨房前のカウンターに置かれた大皿から自分で惣菜をよそうスタイルは、まるで大家族の食卓のよう。帰り際には「お気をつけて、行ってらっしゃい」との言葉。この店に帰ってきたくなる訳は、ご飯の味はもちろんアットホームな接客にもある。

1 店長・小榎さんおすすめのしょうが焼きは、定番人気のメニュー。2 建物の歴史を感じる外観。3 厨房が筒抜け。料理のいい香りが漂ってくる。4 2階の座敷席は子連れのお客さんに人気。畳が気持ち良い。

1 野菜たっぷりで彩りも美しい定食。2 木のぬくもりと、色とりどりのドライフラワーが飾られた北欧テイストの店内。3 2階席は、1階よりもシックな雰囲気。

「日替わり定食
和風ハンバーグ」
1,380円

和風ハンバーグ　揚げなすのおひたし
ほうれん草とえのきのおひたし
じゃがいもの甘辛煮　卵焼き
サラダと手作りドレッシング
味噌汁　ご飯

New wave 5 武蔵野

ニシクボ食堂

DATA 11:30～15:00、18:00～22:00／月休／武蔵野市西久保2-2-13／JR中央線三鷹駅徒歩7分／0422-38-5950

いつもの味が、特別。

「この店を、来る人にとって家のような心を許せる場所にしたい」と店主。定番メニューの定食は、どれも店主が小さい頃、祖母に作ってもらった料理をベースにしているそうだ。そして安心できる「いつもの味」が、この店の魅力。開店から5年、店主・川上さんが店作りで大事にしているのは「おいしいもので人をつなげたい」という思い。おいしいものによって人を喜ばせることができ、おいしいものがあるところに人が集まる。それを目指しているからだろう、この店にはお客さんが『おいしかった』と笑顔で帰っていく日常が見られる。ウィークデーのランチに、休日は一人で、あるいは友人と。いろんなシーンに寄り添ってくれるのが頼もしい。ここは懐深い食堂だ。

「干物炭焼焼定食
銀鮭粕漬け」
900円

銀鮭粕漬けの炭焼
大根おろし付き
たくわん　ご飯　味噌汁

New wave 6 立川

菊松食堂

DATA 11:30～14:00、17:00～23:00／無休／立川市緑町4-5／多摩モノレール立川北駅徒歩6分／042-595-9303

オフィス街の純和風食堂

菊松食堂は、常連が多い人気の和食居酒屋「菊松屋」の2号店。店内に入って感じるのは、昔ながらの長屋をイメージした、独特の奥行き感。手前にはテーブル席が、その奥には厨房を囲うようにカウンター席が設けられている。「古民家」の雰囲気にこだわり、店内の柱やカウンターの板は、飛騨にあった蔵の材木を使用しているそうだ。昼に光が差し込むと、歳月を経てこその、深みのある木の色合いが美しく光る。これが夜になると、渋めの雰囲気が出てまた良い。定食の魚は、築地から直送したものを炭火で焼く。素材と調理法にこだわったご飯も、お客を惹きつけてやまない理由だろう。

1 人気の炭焼魚の定食は、他にもサバやアジ、ノドグロなど季節の魚が味わえる。2 朗らかなスタッフの接客も居心地良さの訳。3 大きな窓から緑も眺められ、気持ちが良い。

まちと生きる老舗大衆食堂

街角に佇む、日常的大衆食堂

東村山駅から少し歩いた先にある住宅街の五差路の一角でひときわ存在感を放っている店がある。ビビッドな紅白のひさしが印象的なこの「ひの食堂」は、創業40年を超える老舗食堂だ。紺色の布地に「定食」の二文字が鮮やかに白抜きされたのれんをくぐり店に入ると、左手にはカウンター、右手には靴を脱いであがる小上がり席があり、昭和レトロなダイヤル式のピンク電話が目を引く。年季が入っていながらも丁寧に手入れが行き届いた店内は居心地がよく、老舗でありながらも気取らずひと懐っこい穏やかな空気感が漂っている。

フライや炒め物、肉や魚、カレーまで偏りなく幅広い定食メニューは38種類、どんな気分の時でも必ず食べたいものが見つけられる普段使いしやすい食堂だ。定食ではなく料理のみを200円引きで頼めるのも地味に嬉しいポイント。客層は地元の方々が多いようで、皆各々の定食を黙々と食べ、支払いを済ましたらサッと出る。複数で来るお客さんもあまり長居はせず、比較的回転が早い。

旨い定食をつくり、提供する、お客さんがそれを食べて、帰る。そういった食堂としてのシンプルな役割を長年積み重ねた店にしかない、ある種の風格が店の端々と料理の味に染み込んでいる。

Since 1975

ひの食堂

HIGASHIMURAYAMA

DATA 11:30～14:30、17:00～20:30／日・祝休／東村山市本町3-18-2／西武新宿線東村山駅徒歩9分／042-394-4334

1 黙々と料理をつくるご主人。厨房は長年の仕事場といった貫禄が漂う。
2 ポークソテー定食は850円。甘辛いソースはご飯との相性も良し。
3 時代を感じるダイヤル電話。モノを大切にしながら店を続けていることが伺える。

PHOTO (P22-25): Takahiro Motonami

おかず
丼物

やきとり
佐賀屋
みゆき食堂

Since 1970

みゆき食堂

DATA 12:00～22:30／日・月・木休／清瀬市松山1-9-18／西武池袋線清瀬駅徒歩3分／042-491-4006

まちのランドマーク、正統派の大衆食堂

露店の焼き鳥屋が併設された少し変わった店構えの「みゆき食堂」は多摩地域随一という声も少なくない、多くのファンを持つ清瀬の大衆食堂だ。某テレビドラマに取り上げられたことでより知名度が増したようだが、実際に訪れてみるとこの店の持つ独特の引力や磁場を否応無しに感じることになる。基本的に時間帯関係なく席が埋まっているこのお店、客層は老若男女幅広くひとり客も多いため、相席になることも多い。入り口から想像するより奥行きある店内は大衆食堂としての正し過ぎる情緒で溢れており、重ねた年月が凝縮されたような濃度の高い空間は、まちを代表する老舗特有の腰の据わった凄味を帯びている。

壁一面にびっしりと貼られたお品書きは初見ではただただその品数に圧倒されるばかりで、全メニューを制覇するにはあと何度通えば良いのだろう、と考えると途方に暮れてしまう。料理は量多し、アルコールは度数高し、そして安い、旨い。人が大衆食堂に求める欲望を惜しみなく体現しているようなこのお店が愛されないわけがなく、今日も腹を満たしに喉をならしに、人々は年季の入った茶色いガラス戸をがらりと開けている。

1 スパゲティナポリタン550円、トッピングの目玉焼きは150円。二人で食べてもボリューム充分。*2* レモンサワー350円。サワーといいつつ結構強めのアルコール。*3* 年季の入った外看板のお品書き。*4* 焼き鳥は隣接する佐賀屋で持ち帰りも可能。大衆的なホッとする味つけで当然美味しい。

食堂と、いっしょに生きるひと。

Since 1960

まるけん食堂

KICHIJOJI

DATA 11:00～15:00、17:00～21:00／月休／武蔵野市吉祥寺東町1-6-14／JR中央線・京王井の頭線吉祥寺駅徒歩9分／0422-22-4250

半世紀を生きる、愛すべき大衆食堂

家族で切り盛りしている吉祥寺のまるけん食堂は、時代にそぐわぬ庶民派価格設定と、家庭的な優しく懐かしい定食で半世紀以上にわたり営業を続ける老舗食堂だ。笑顔の可愛い現役の看板おばあちゃんをはじめとして山岸さん親子二代のご家族三人で店を守り続けている。親子で仙台に旅行に行った際、たまたま泊まったホテルの支配人が昔の常連の学生さんだった、なんていうエピソードからも伺えるように、このお店を故郷のように思っている人が半世紀の歴史の中で数多くいるのだろう。できる限り、いつまでも変わらぬ姿であり続けて欲しいと心から思える、まちの台所のような大衆食堂だ。

1 手際よく親子で料理をつくる山岸さん親子。長年を過ごしてきた、歴史ある家族の仕事場だ。**2** お客さんは常連さんが多い。開店と同時にやってくる人もちらほら。とんかつ定食(写真右)は530円。

まだまだ現役で頑張るよ！

Since 1975

いしはら食堂

MITAKA

DATA 5:00～20:00／土休／三鷹市下連雀3-6-27／JR中央線三鷹駅徒歩8分／0422-47-6714

地元民に愛される、早朝営業の定食屋

早朝5時から営業という三鷹のいしはら食堂は、夜勤帰りの人やタクシーの運転手など昼夜逆転の人々に重宝される他、近所の小学生が社会科見学にやってくるなど地元に根付いたスタンスで営業を続ける老舗だ。100円台から一品料理が数多く用意され、それに200円をプラスすることで白米、味噌汁、お新香がつき定食となる。二品以上頼んでも安価な上細かく自分で定食をカスタマイズできるので、その日の気分に応じたセットを頼めるのが嬉しい。常連となって朝・昼・夜と三食この店で食べてみるのも良いかもしれない。

朝5時からやってるよ！

1 レバニラ炒め220円、鮭甘塩焼190円、プラス200円で定食になる。*2* 黄色いお品書きが鮮やかな、厨房と向かい合う正統派のカウンター。

1

2

お腹を満たす至福の丼

青梅線河辺駅のすぐ近く、存在感ある赤い外観が特徴のはちのこ食堂。店内は長く真っ白なカウンターと四人がけのテーブル席、厨房ではご主人を中心とした家族経営でテキパキと調理がなされている。おすすめは野菜炒めにチキンカツと豚肉のスタミナ焼き、その上に目玉焼きが乗った、みるからに満腹感満載の「スタミナどかもり」。タレの染みたご飯とジャキジャキとした野菜炒めがアクセントとなり最後まで味も飽きず、案外ぺろりと食べられてしまうので、是非お腹を空かして訪れて欲しい。

Since 1972

はちのこ食堂

KABE

DATA 11:00～20:30／木・金休／青梅市河辺町5-13-8／JR青梅線河辺駅すぐ／0428-23-6142

青梅生まれの青梅育ちです。

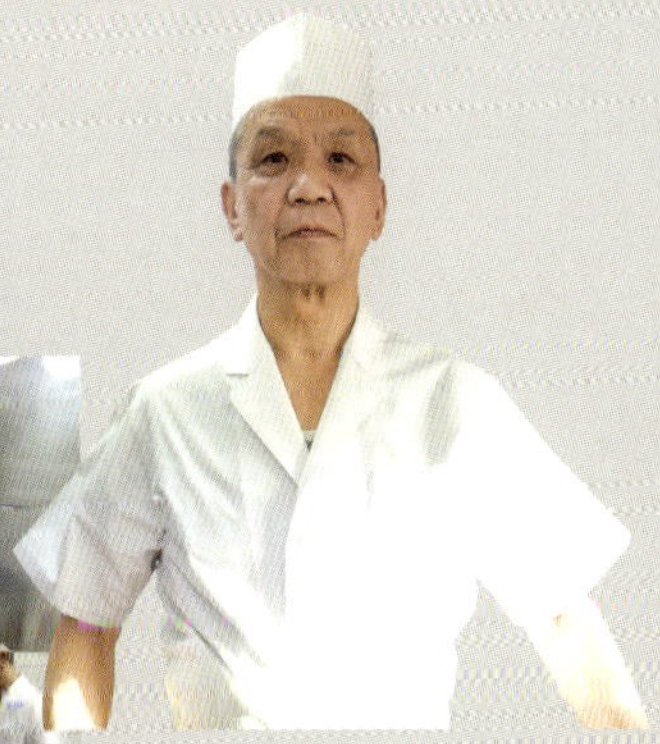

1

2

1 スタミナどかもり930円。名前通りのボリューミーさで満足度大。*2* 白を基調とした明るい店内、年季はあるが清潔。地元の常連さんが集う。

食堂、定食の楽しみ。

今柊二

こんとうじ●定食評論家。全国の定食屋を渡り歩き、定食や立ちそばの調査研究を続ける。これまでに食べた定食は3000食以上。大学食堂や横浜中華街にも詳しく、定食をキーワードにした探究心はとどまるところを知らない。著書に『定食バンザイ！』(筑摩書房)、『がんがん焼肉もりもりホルモン』(同)、『立ちそば大全』(竹書房)など多数。

「定食」だけではなく、「店」もおいしい

そもそも、私が定食を好きになったのは、体がそんなに丈夫じゃなかったからだ。1986年に四国から横浜の大学にやってきて、一人暮らしを始めた。すると、大学生活も含めてとても楽しいことが分かった。そこで私は考えた。具合が悪くなって、四国に帰ることだけはなんとか避けたい。自己防衛をするにはどうすればいいか。やはり食事が大事だ。栄養バランスのきちんと取れた食事をしていれば、健康になるだろうと考えたのだ。では栄養バランスのよい食事とは何か。行きついたところが定食だった。

ご飯＋汁＋おかずと言うように、品目の多い食事を取っていれば栄養バランスも良くなるだろうと思い、まずは大学食堂で定食を食べ始めた。するとやはりすこぶる調子は良くなり、大学生活は楽しく過ぎていった。そしてしばらく経った頃、友人に連れられて、大学近くの「良心亭」という食堂に行った。唐揚げとキャベツの炒めとか、定食自体も良かったけれど、何よりもこの店は居心地が良かった。「良心亭の奥座敷」と呼ばれる、別室の座敷席があって、昼過ぎに行くと、おばさんが「お仲間来てるわよ～」と教えてくれる。奥座敷に行くと、そこに友達の誰かしらが定食を食べていたり、ぼんやりしていたりするのだった。奥座敷の窓の外に見える青い空を見ながら、友達と喋りつつ食べるカタ焼きソバ定食はとてもおいしかった。

つまり、食堂とは、ご飯がおいしいだけではなくて、店もおいしいのだとそこで気がついた。それ以降、私は定食だけではなく、定食屋、食堂が好きになり、定食研究を開始したのである。

「いい店」の探し方

以降、かれこれ30年以上定食、食堂にこだわっているわけだが、いい店の探し方を3つほどのポイントに絞って以下にまとめてみよう。

①店が清潔なこと。最初にこれが大事なポイント。外観で清潔感が分かるのは意外と暖簾だ。暖簾が古びていたとしても、きちんと洗濯をしている店なら大体大丈夫。清潔な暖簾が風でそよいで「おいでおいで」をしていると、もうそれだけで入りたくなります。

②メニュー情報が外部に露出していること。中で何が食べられるのか、一体いくらの値段なのかとはとても気になるところ。いい店はきちんとそういう情報が外に出ている。小さな黒板などに「サバ塩750」とか書いてあると大体わかります。

③サラリーマンの後をつけよう。知らないまち、特に繁華街で店がいっぱいある場合は選択に困るもの。そんなときに良い作戦なのが、サラリーマン、特におっさんたちの後ろについていくと、いい定食屋に到着することが多い。そのまちにいるおっさんたちは、おいしくて安い店を知っているからだ。ただし、同じサラリーマンでもヤングの後をつけていくと、ラーメン屋に着いたりするので、そこは注意しよう。

まずは「日替わり」か「ランチ」！店で、何を食べるべきか？

それでは食堂や定食屋に入ったときに何を食べるべきか。もし昼時なら店のおすすめのランチ、もしくは日替わりランチを食べると良い。大体店がプッシュしているメニューだったり、季節のおいしい食材を使った料理だったりすることが多いからだ。実例を少し挙げると、町田の洋食店「グリルママ」は、ランチタイムが11時～17時と長く（これもステキ）、750円ランチが充実している。この中で若鶏生姜焼きランチの付け合わせは、普段はカニコロッケだが、11月～3月はカキフライにチェンジすることができるのだ。まあ、カニコロもおいしいので悩ましいところではある。あ、若鶏も柔らかくて最高ですよ。

日替わりメニューがない場合は、他の客が注文しているものを真似するという作戦もある。大体みんなが好きそうなメニューを注文すると、ハズレる可能性が少ない。具体的には、唐揚げ定食、鯖塩定食、生姜焼き定食あたりか。特に生姜焼き定食は、男子も女子も好きなメニューだ。肉でしっかりエネルギーチャージができるし、大体キャベツの千切りも添えられているので、野菜も摂取できて、栄養バランスもかなりいいと思う。かつてはポテトサラダが添えられることが多かったが、近年はそれがマヨネーズに取って変わられつつある。その背景には、豚肉にマヨをつけて食べるとおいしいことに人々が気がついたのと、よりコッテリした味が求められるようになってきたからだということがあるだろう。

ちなみに、最近食べた生姜焼き定食のなかでは、国分寺駅近くにある「うな太郎」の「生姜焼き定食」650円が実に素晴らしかった。店名のごとく、ここ「うなぎ」の店なのに、「生姜焼き定食」がおいしいというのもなんともいいですね。生姜焼きって、肉のエキスが浸透したキャベツがおいしいんだけれども、この店でもそれは存分に堪能できます。さらに炊きたてほかほかご飯も、お味噌汁もしみじみおいしかった。間違いなくうなぎもおいしいと思うので、近々うな丼を食べに行こうと思っている今日この頃であった。

ある社員食堂の一週間

あきゅらいず 森の食堂

あきゅらいずは、「美を養う」スキンケア商品を企画・製造している会社。その社員食堂が、一般にも開放されている。昔ながらの家庭料理が味わえるメニューは、日替わりの1種類（850円）。素朴でも滋味深い味。

社員のための「母心」入りご飯

あきゅらいずの社員食堂を運営するのは、同社の物流センターを営む株式会社テトテト。なぜ物流センターが社員食堂を？

「テトテトができたのは9年前。あきゅらいずは『新しい価値を生み出す』会社だから、当時から物流以外のこともはじめたいと思っていたんです」（人事部長・大久保さん）

そんなある日、あきゅらいずの契約農園・自社農園から届いた玄米に、社員の実家から届いたキノコで味噌汁をつくり、社員みんなでランチをしたことがあったそうだ。

「これだ！って思ったの。狭い給湯室で、みんなで同じご飯を食べて。食卓を囲む時間って働く場所でも大事なんだなって。それをきっかけに、社員食堂をつくろうと。あきゅらいずの社長・南沢さんと相談をしたんです」

お母さんが働く場所を作りたいとの思いを抱く大久保さん。食堂の職員には地域のお母さんたちを集めた。お母さんたちが家族に作るように、地域のお母さんたちが社員に向けて「母めし（日本の伝統的な家庭料理）」を作っている。

「ただご飯を出すのではなくて、みんなが気持ちを込めてご飯を作っています」（スタッフ・赤石澤さん）

母めしの隠し味は、母心。その日に見えない優しさが、大きな価値を生み出している。

あきゅらいず　森の食堂（あきゅらいず 直売店併設）

DATA 11:30〜14:00／日祝休／三鷹市野崎3-21-18／JR中央線三鷹駅からバスで「第二小学校前」下車徒歩1分／0422-30-9870／blog.akyrise.jp/morisyoku

月曜日

・蒸し鶏の辛味ソース
・根菜の煮物
・大根菜のおひたし
・味噌汁
・玄米
・納豆（国産大豆）
・ヨーグルト

初めての日替わり定食を注文。品数の多さに驚く。社員さんも続々と来店。「いただきます」「ごちそうさま」みんな、当たり前に食堂の人たちに声をかけていくのが素敵。店内は、強い日差しが差し込んで暖かい。なんだか良い1週間になりそうだ。

火曜日

・イワシの蒲焼風
・なすの揚げひたし
・コールスローサラダ
・味噌汁
・玄米
・納豆（国産大豆）
・ヨーグルト

旬を大事にしたいから、魚のセレクトは魚屋さんにお任せ。だから当日の朝まで、何の魚が届くかは分からない。届いた魚を見てから、献立を作るそうだ。そんな「素材ありきの献立」が森の食堂の魅力なのだろう。お盆にのった蒲焼。香ばしい匂いが食欲をそそる。

水曜日

・鶏肉とキノコの抹茶炒め煮
・カボチャとサツマイモのニンニク蒸し
・白キクラゲと栗のデザート
・菊花と白身魚のスープ
・山芋ごはん

週に一度の薬膳の日。店内のBGMが台湾風で、いつもと雰囲気が違う。厨房には、薬膳メニューを考案している湯忠立（タンゾンリ）先生が。薬膳の独特の香りは、体の奥底が刺激される気がする。ちょうど胃腸が弱っていたこの日、一口食べるごとにお腹がポカポカ。体がよろこぶご飯に感謝。

木曜日

・秋刀魚のやわらか煮
・里芋のじゃこ和え
・野菜のピクルス（ブロッコリー、カリフラワー）
・味噌汁
・玄米
・納豆（国産大豆）
・ヨーグルト

上着も要らないほどのぽかぽか陽気。店内ではパートさんたちが休憩していたり、社員さんがミーティング中だったり。窓からの日差しにほっこりしながら味の染みた秋刀魚をいただいていると、隣のちゃぶ台には赤ちゃん連れのママたちが。可愛い様子に周りも目を細めながらのランチ。

金曜日

・もち豚の生姜焼き
・マカロニサラダ
・小松菜の辛子和え
・味噌汁
・玄米
・納豆（国産大豆）
・ヨーグルト

店内に響く子どもの笑い声。湯気が立ち上る暖かな空気、心地良い雰囲気の中いただく今日の定食は、ボリュームたっぷりのもち豚がメイン。色とりどりの野菜が入ったサラダや辛子がアクセントの小松菜も合間に口に運ぶと、体の中に栄養が入り込む。今週も頑張った自分に「おつかれさま」。

土曜日

・豆腐ハンバーグ
・ひじきと押し麦のサラダ
・粉ふきいも
・味噌汁
・玄米
・納豆（国産大豆）
・ヨーグルト

最終日、偶然にも大久保さんとランチをご一緒する。大久保さんは今日も朗らかで、こちらも元気をもらう。「母めし」の哲学や技術をもっと伝えていくために、なんと現在、新規事業を検討中とのこと！　この1週間で、体の疲れが取れたのも実感。母めしパワー恐るべし！

Day-01 Okutama Lake

奥多摩湖のレイクサイド食堂

足をのばして、日帰り多摩食堂の旅

YORIMICHI SNAP

Day1

Okutama Lake

晴天の奥多摩湖はエメラルドグリーンな水面が美しい。

道中見つけた、湖畔のレイクサイドテニスコート。

鶴の湯温泉の守り神「温泉神社」。ダム建設で倉戸山登山口に移った。

奥多摩湖畔はサイクリングを楽しむ人が多く、颯爽と駆け抜ける。

数年に一度という貴重なダムの放流にたまたま立ち会うことができた。

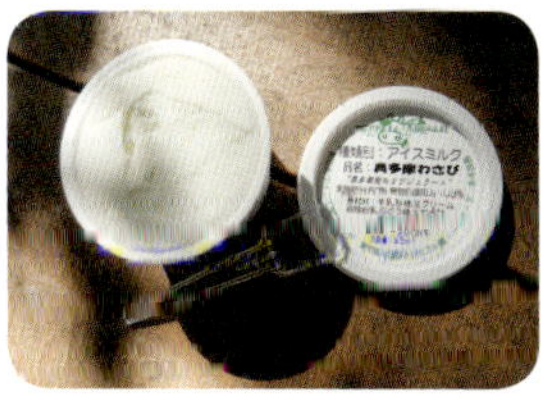

駐車場の売店で買った奥多摩わさびアイス。ほのかにピリッとした味わい。

TANGEDO

丹下堂

DATA 10:00～19:00／木休／西多摩郡奥多摩町原100／JR青梅線奥多摩駅からバスで「倉戸口」下車／0428-86-2235

日帰り温泉が併設された、シカ肉や川魚の定食が食べられる食堂(右P写真下)。奥多摩の猟師が狩猟するシカ肉はタイミングによっては品切れの場合があるので注意。

NONKIYA

のんきや

DATA 10:30～17:30／不定休／西多摩郡奥多摩町原368-4／JR青梅線奥多摩駅からバスで「出野」下車／0428-86-2533

店内から奥多摩湖を一望できる隠れた絶景食堂(右P写真上)。三日月型の餃子とちぢれ麺のラーメンは優しい味わいで旅のシメにちょうど良い。

ダムとシカ肉と絶景のラーメン

日常使いできる食堂はもちろん愛おしいが、普段行かない非日常な場所で出会う一期一会な食堂もまた楽しい。

奥多摩駅からバスに揺られ20分ほど、奥多摩湖畔のバス停で下車し周りを見渡すとトンネルの向こうに「お食事処丹下堂」の看板が見える。近づいてみるとまだ開店前なのか人気がない。湖を眺めたりして時間を潰していると数分して一台の車がやってきた。車から降りてきたのは店主のお母さん、声をおかけして入店させてもらう。何か奥多摩らしい食事はありますか？と尋ねると奥多摩産シカ肉定食が名物だという。シカ肉を食べる機会はもちろん日常生活ではなかなかないので、早速注文。店内のお土産コーナーを物色したり、登山客がよく利用するという店内奥の日帰り温泉を見学したりして料理を待つ。やってきたシカ肉定食は鉄板の上でじゅうじゅうとワイルドな音を立て、噛むと旨味が凝縮された肉汁が溢れ出し、白米との相性も抜群で箸がどんどんと進む。

お母さんに、今日は数年に一度のダム放流の日よ、見なきゃ勿体無いわよ、と教えてもらい、バスで来た道を逆走する形で教えてもらった小河内ダムまで歩く。湖に沿うように結構な距離を歩き、少し疲れを感じた頃、ダムの放流スポットに到着。やはり知る人ぞ知るイベントなのかカメラを持った人や、車やバイクで見学に来ている人などでちょっとした人だかりができていた。ダム近くの「水と緑のふれあい館」なる博物館に食堂があるらしく、そこも行こうと思ったが残念ながらこの日は休館日、たまたま来たバスに飛び乗った先で偶然見つけた「のんきや」で湖を眺めながらラーメンをすすった。

Day-02 Mount Takao

山麓＆山頂の高尾食堂

山頂で出会う、極上のなめこ汁

いまや世界的な登山観光スポットと言っても過言ではない高尾山。年間300万人が訪れる圧倒的集客力のこの山に、良い食堂がないわけがない、ということで食堂を探すためだけの登山をすることに。

が、山を登る前に、これだけ有名な山ならば絶対に麓にも良い食堂があるのでは？という勘が働き、まずは高尾駅付近を散策。やはりというか、良さげな食堂を発見、ちょうど開店時間だった「たかお食堂」に入店する。遅めの朝食で肉厚なハムカツ定食をいただくが、これがすこぶる美味しく、山を登る前に思いのほか満足してしまった。

とはいえここまで来て山に登らないのも間抜けに思えたので、店を出た後は高尾山口へ。リフトでショートカットしつつ高尾山頂を目指すことにする。今回の目的はあくまで食堂なので、いわゆる観光チックなスポットは横目で素通りしつつ、黙々と山を登る。天気が良いとはいえ平日なのに、登山客はそれなりに多い。道中、もちろん茶屋や食事処は数多くあるのだが、せっかくなら日常的には気軽にアクセスできない食堂がいいなぁと思いながら歩いていると案外すぐに高尾山頂に着いて

TAKAO SYOKUDO

たかお食堂

DATA 11:00～14:00、17:30～22:00／火休／八王子市初沢町1227-1／JR中央線高尾駅徒歩5分／電話非公開

高尾駅を出てすぐ、ご夫婦で営業されている食堂。ハムカツ定食（580円）がとても美味しかったので、他の揚げ物定食も是非今度食べてみたい。

YORIMICHI SNAP

Day2

Mount Takao

ケーブルカー乗り場。平日だが流石は高尾山、それなりに人出がある。

リフトに乗ってショートカット登山。遊園地の乗り物のような感覚。

今回入店はしなかったが、道中の食事処はどこも眺めが良さそう。

山頂に至る途中の薬王院、周辺にはパワースポットも多数。

高尾山頂。外国人の旅行者らしき人々も多く見かけた。

小仏城山にて。山頂で飲む缶ビールはもちろん最高に美味しい。

SHIROYAMA CHAYA

城山茶屋

DATA 9:00〜17:00、冬季 9:00〜15:30／悪天候時休み／八王子市裏高尾町1885-2／高尾山ケーブルカー高尾山駅徒歩約2時間（個人差あり）／042-665-4933

奥高尾・小仏城山の頂で三世代に渡り家族で営業している歴史ある茶屋。醤油仕立ての「なめこ汁」（250円）と夏季限定の「特大かき氷」が名物。

しまった。山頂にも食事処はもちろん数軒あるのだがどの店も結構な人で溢れている。少し悩んだ挙句、さらなる秘境食堂を目指し奥高尾エリアに進む。

この辺りになるとグッと人が減り、すれ違う人たちは皆装備のちゃんとした登山客ばかりである。高尾山頂からさらに一時間ほど歩き、日も若干暮れかけ不安が募って来た頃にハタハタとはためくのぼりを発見。親子で切り盛りされているこの城山茶屋は、出発前に思い描いていた「こんな店があったらいいな」をまさに具現化したような山頂の食堂で、途中で妥協せずここまで歩いて良かった…と心から思えた。ここで食べたなめこ汁は達成感もあいまってか間違いなく人生ベストなめこ汁だった。満足感に包まれながら、暗くなる前に下山。行きと同じくリフトに揺られながら、やっぱり流石は高尾山、なんだかんだしっかり楽しめるなぁ、としみじみ思った。

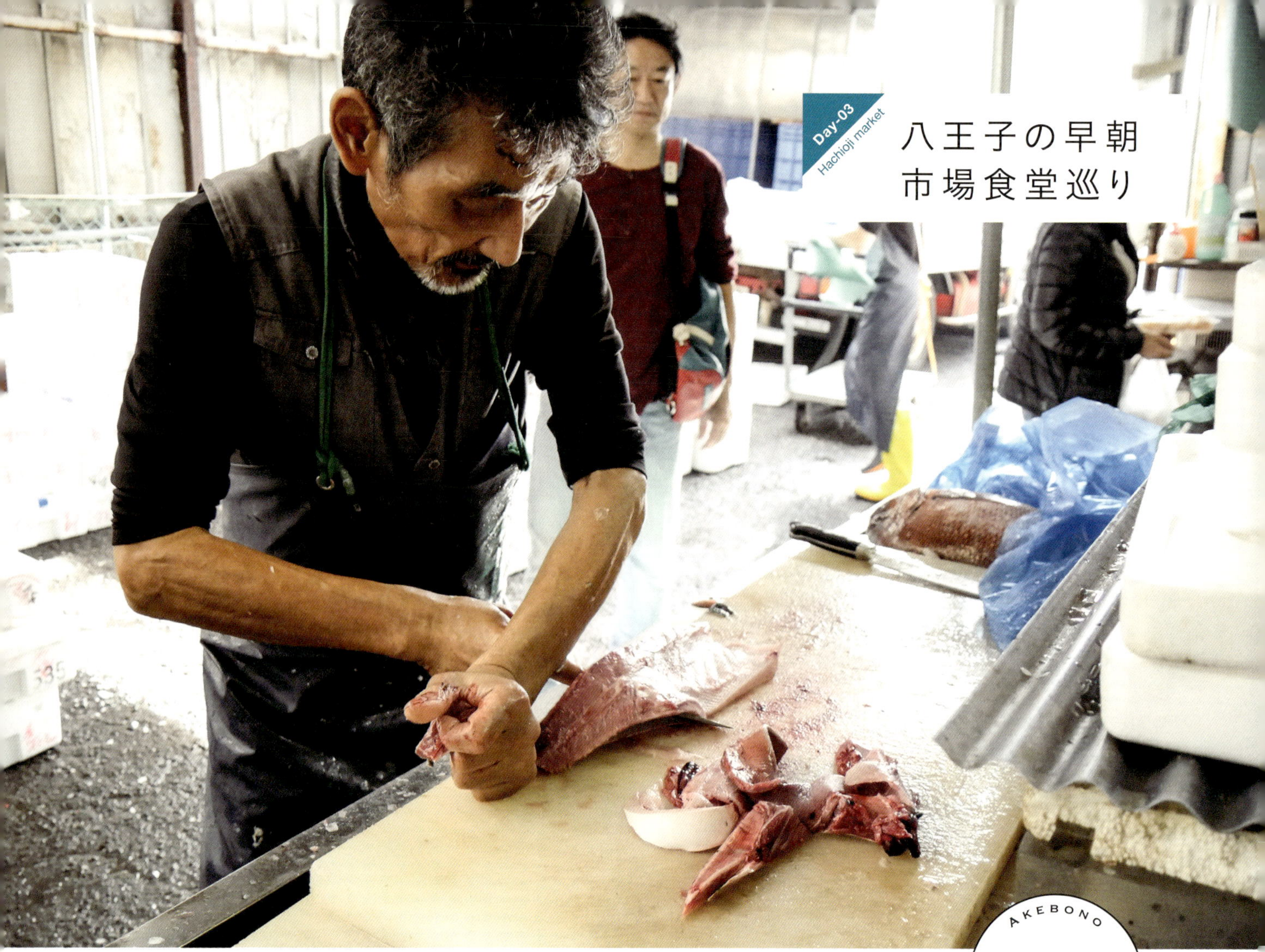

Day-03 Hachioji market

八王子の早朝市場食堂巡り

AKEBONO

あけぼの

DATA 6:00～13:30／休市日・日・祝休／八王子市北野町584-30 八王子総合卸売センター／京王線北野駅徒歩13分／042-645-6528

土曜限定のマグロのブツ定食（730円）、プルプル丼（780円）。店主の料理の腕の良さに、市場で働く人にもファンが多い食堂。海鮮はもちろん、中華もおすすめ。

エキゾチックな穴場の東京魚市場

内陸地である多摩エリアには言わずもがな海はない。なので新鮮な魚介の食堂なんて無縁の地域…かと思いきや実はそんなこともなく、下町さながらの軽快な掛け声と共にバッサバッサと魚が捌かれ、なんならその場で食べられる魚市場食堂があることはあまり広く知られていない。

やってきたのは八王子、京王線北野駅。駅を降りて15分ほど浅川方面に歩いていくと「八王子総合卸売センター」とそこに隣接する「八王子綜合卸売協同組合」、さらにそこから少し歩いた先にも「築地魚市場八王子支社」が存在し、都内有数の市場密集地域となっている。この一帯は八王子市の物流拠点の一つで、業者はもちろん一般客にも開放されており、朝6時から昼過ぎ頃まで営業されている。まずは八王子総合卸売センター内の食堂「あけぼの」へ。市場の開設と同時期に営業を開始した最古参の一つである。土曜限定のマグロブツ定食など海鮮はもちろん、あんかけ麺などの麺類や中華もオススメだ。次いで「市場寿司 たか」は市場ならではのリーズナブルな価格で握りの寿司が堪能できるカウンターだけの小さなお店。「名物豪海丼」は食べ応えし

YORIMICHI SNAP

Day3

Hachioji Market

青と白のテーマカラーが目を引く八王子総合卸売センター。

場内は活きの良い鮮魚で溢れ、主婦からプロの料理人まで目を光らせている。

あまりスーパーで見かけないような魚も多いので眺めて回るだけでも楽しい。

快活な声でやり取りする市場の人々は、いぶし銀なオーラを放つ。

場内は生鮮食品から日用品まで幅広くさまざまなものが売られている。

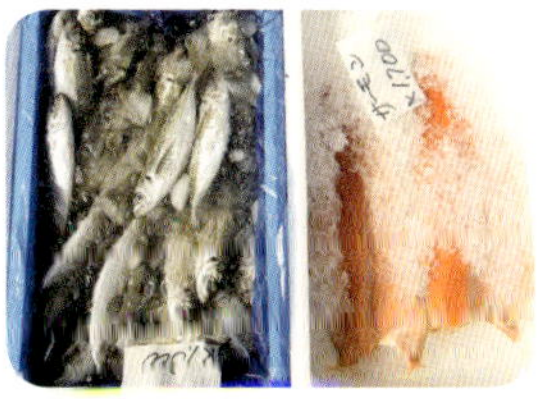

市場の食堂で出る魚介類はもちろんこの市場で仕入れたもの。

ICHIBA ZUSHI TAKA

市場寿司 たか

DATA 午前6時半からネタが無くなるまで、14時目安／休市日・日・祝休／八王子市北野町584-30 C 八王子総合卸売センター内／京王線北野駅徒歩13分／電話非公開

名物豪海丼(600円)。握りもリーズナブルな市場価格で堪能できる。大将の軽妙なトークも要チェック。

KAISEN DONBURIDOKORO KOKORO

海鮮どんぶり処 心

DATA 月～土9:00～15:00、日11:00～16:30／不定休(休市日は休み)／八王子市北野町584-21 八王子綜合卸売協同組合／京王線北野駅徒歩13分／042-642-5150

写真は本日のおすすめ四色丼(900円)。他にもマグロ専門店ならではのマグロづくし丼(1,000円)がおすすめ。

COFFEE HOUSE WANDA

コーヒー喫茶 ワンダ

DATA 6:00～13:30／休市日・日・祝休／八王子市北野町584-21 八王子綜合卸売協同組合／京王線北野駅徒歩13分／042-645-7575

ジブリアニメのような年季の入った店内が落ち着く喫茶店。トロみのあるカレーライスもどこかノスタルジックな味わい。

っかりの丼にして値段はたったの600円。気軽に立ち寄れる寿司屋として市場の人々にも人気のお店だ。お隣の八王子綜合卸売協同組合にも、もちろん海鮮の食堂があり、「海鮮どんぶり処心」はマグロ専門のお店。快活なご夫婦で切り盛りされている。皆一心不乱に海鮮丼をかき込んでいる様子は、東京というよりどこか遠い漁港のまちにきたような旅情さえ感じてしまう。最後に立ち寄ったのは「コーヒー喫茶ワンダ」。海鮮の食堂がひしめく中にサイフォンで淹れる珈琲と昔懐かしい味付けのカレーライスが出てくるこのお店、市場にホッと一息つけるアクセントが加わっているような、さりげなくも存在感の嬉しいスポットだ。

こうして早朝から回っていればお腹は一杯だし時間が過ぎるのもあっという間、異国のような独特の空気感は八王子の陸地だというのに随分と遠出したような気分だ。

1

2

3

1 陽気なキャラがトレードマークの外観。2 昔懐かしのカツカレーライス800円。3 常連らしいタクシードライバーの方々。4 駄菓子屋のようなアイスコーナーがあるのがなんだか人懐っこい。

ふじみ食堂

10:00～14:30、16:30～20:00／日休／立川市富士見町7-227-3 ふじみビル 1F／多摩モノレール柴崎体育館駅徒歩18分／042-523-4791

宵の食堂には誰がいる？

食堂、といえば自然と昼食を思い浮かべる人が多いと思うが、もちろん夜にものれんを出している店がある。酒場でも、バーでも、レストランでもなく、食堂で夜を過ごすのは一体どんな人々なのか。立川エリアの明かりを灯す、二軒の店に訪れた。

まちのドライブインのように。

モノレール柴崎体育館駅で下車したのち、新奥多摩街道を真っ直ぐ黙々と歩いと行くと、白い蛍光灯に照らされたタバコ屋の一角とその奥で人影が揺れるガラス戸が見えてくる。立川市富士見町、近隣にあるどの駅からも徒歩だと少し時間がかかる、決してアクセスが良いとはいえないこの店は「ふじみ食堂」という。食堂にしては珍しく広い駐車場が併設されており、何台かの車がすでに停まっている。中に入るとL字型の広い店内に四人掛けのテーブル席がいくつか。お客さんも団体が多い。中に入ると「お客さんだよ！」と常連らしい女性が大声で厨房に声をかける。店内が見渡せるよう、一番端の席に陣取る。前の席ではタクシードライバーらしき紳士の方々二人がタバコを片手に談笑している。メニューはお腹にたまりそうな肉料理や中華を始め、おでん定食やオムライスなど幅広い。なんとなく目についたカツカレーライスと缶ビールを注文、ビールはレジ横のガラス扉の冷蔵庫から流れるように素早く出てきた。ビールを飲みながらカレーを待っている間にタクシードライバーらしき男性がもう一人やってきた、と思ったら次いでまたすぐもう一人が来店。皆顔見知りのようで軽く挨拶を交わしながら自然と同じ席に着く。どうやらドライバーの方々の休憩・夕食スポットになっているようだ。あまりにも店に馴染んでいるので写真を撮りたい衝動にかられ、前の席のドライバーの方に撮影して良いか尋ねたら「俺ぁ大丈夫だけど、こいつは指名手配中だからダメだぁ、ハッハッハ！」と軽快なジョークを発せられたので、オーケーと捉えてパチリと撮らせてもらった。

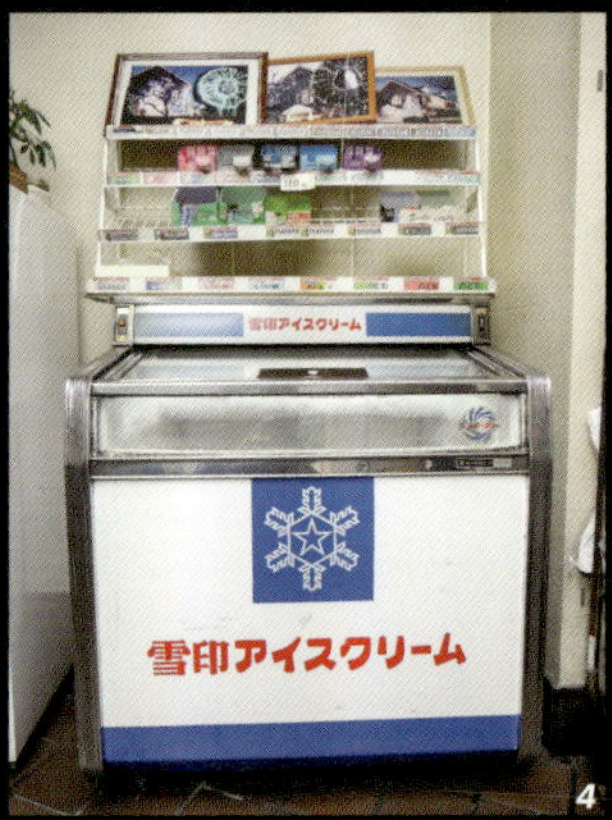

4

日付をまたいで灯る明かり

おかめ食堂
18:00～翌3:00／不定休／立川市富士見町1-21-17／JR青梅線西立川駅徒歩5分／042-527-3050

次に訪れたのは西立川駅から徒歩5分、夕方6時から深夜3時まで営業しているという正真正銘の深夜食堂、「おかめ食堂」だ。入店すると男性と女性、2名の先客。着席の雰囲気で二人が常連であることが分かる。間を抜けて奥のカウンター席へ、メニューを眺めると定食はもちろん酒類とツマミも豊富、やはり夜営業メインであるから酒場として利用する人も多いようだ。先客のお二方も水割りらしきものをつまみと共に飲んでいる。瓶ビールを注文したのち、手書きメニューにあった白子を頼む。

お店は快活な女将さんと厨房で静かに料理をつくる優しそうなご主人のお二人で切り盛りされている。女将さんは注文を通したのち、気さくな様子で常連の男性客と世間話を始める。男性客との会話になんとなく耳を傾けていると、この常連さんはタクシードライバーであることが分かった。富士見食堂と同じく、夜の食堂にはドライバーが多いのだろうか。奥の厨房でせっせと餃子の皮を包んでいたご主人の姿を眺めながらぼーっとしていたら、だんだんと餃子定食が食べたくなり注文。ほどなくやって来た家庭的な手作り餃子をつつきながら瓶ビールのグラスを傾け、夜の食堂に身を置いていると、なんだか居心地の良い友人の実家に泊まりに来たような、不思議な感覚になってくる。食べ終わり、まだまだ夜が深そうな常連さんを横目に、お勘定を済ませ終電で家に帰った。

1 深夜でも煌々と灯る看板が安心する。**2** お品書きが賑やかな店内は居心地が良い。**3** 家庭的な餃子定食は650円。**4** 食事の前に白子とビールでとりあえずいっぱい。

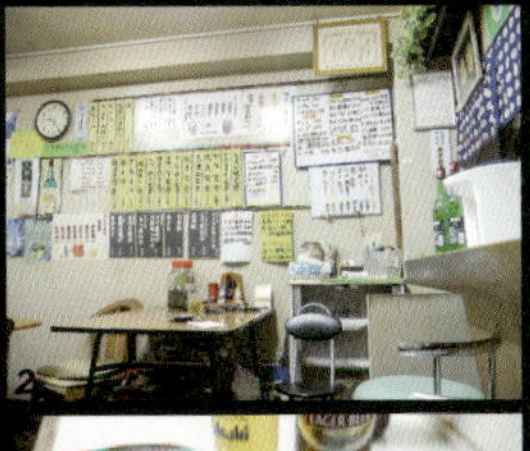

KIKUMATSU
昔ながらの食堂のスタイルを
古民家風の空間で
本物の古民家を
改築して作り上げた、
懐かしさただよう空間
菊松食堂
11:30〜14:00／17:00〜23:00
立川市緑町 4-5
多摩モノレール立川北駅徒歩4分
JR 立川駅北口徒歩8分
042-595-9303
http://www.kikumatsuya.com/
立川市にあるお酒とごはんの旨い店
菊松屋
17:00〜24:00　月・火休み
立川市高松町 2-1-23
JR 立川駅北口徒歩 10 分
042-526-7583

初　詣

一年の安全を祈りましょう

家内安全、商売繁盛、厄災消除
交通安全、身体安全、開運満足

厄除・交通安全祈願の本山

高幡不動尊

TEL.042（591）0032（代）

初　詣

心のふるさと
祈りのお山

大本山　**高尾山薬王院**

東京都八王子市高尾町2177番地　電話042-661-1115（代）
ＪＲ中央線　高尾駅乗換　京王線　高尾山口駅下車

初詣は厄除、縁結び神

厄除・家内安全・商売繁盛・交通安全祈願

武蔵国の神々を祀る武蔵総社

大國魂神社

◎なるべく電車・バスをご利用下さい。
◎京王線府中駅／JR南武線・武蔵野線
府中本町駅下車各徒歩5分

TEL.042（362）2130

大國魂神社　検索

開　運
調布の里の鎮守様として、
千数百年
学問・健康・厄除・社業他

延喜式内

布多天神社

毎月25日：天神市／毎月第1日曜日：つくる市
毎月第2日曜日：骨董市

調布駅北口徒歩5分
（無料駐車場有）

☎042（489）0022

平成30年

初詣

新しき年の
幸せを願って

戌

〈順不同〉

厄除　開運の守護神

小平神明宮

家内安全　厄除開運
学業成就　家業繁盛
除災招福　交通安全
の神前祈願を
致します。

◎元旦、参詣の方に甘酒を進呈致します。

小平市小川町一丁目二、五七三
☎〇四二（三四一）〇四〇七

四日迄駐車場は混雑します。

初詣は清瀬

新年の御祈願は随時お受け致します　駐車場完備100台

日枝神社

家内安全・厄除開運・事業繁栄・交通安全

三多摩最大の安産の神様

水天宮

1月5日初水天宮祭・安産祈願・安産御守腹帯授与

清瀬駅北口よりバス（水天宮）下車　清瀬市中清戸 2-616

☎042-493-5211

厄　除・商売繁昌
家内安全・交通安全

立川鎮座

諏訪神社

JR中央線立川駅南口
多摩モノレール立川南駅下車徒歩10分
境内無料駐車場（100台）可能
社　務　所042（522）5806
結婚式場042（522）4004

写真スタジオ完備

http://suwajinja.or.jp

初詣

開運・厄除
諸祈願

八幡 八雲 神社

☎042（623）0720
FAX042（623）3391
八王子市元横山町2-15-27
JR線八王子駅・京王線京王八王子駅
下車徒歩10分

まちの特集

武蔵野ツウな人。

―武蔵境・三鷹・吉祥寺―

惹かれるのにはワケがある、
魅力だらけの人気者のまち。

その中から今回は、
気になるとこだけ、
ちょっとだけ踏み込んで、
地元目線で武蔵野の話。

誰もが知ってるまちには、
案外知らないことも多い、かも。

illustration: KIN SHIOTANI

RECOMMEND

武蔵境がいいね。

最近、武蔵境がアツいらしい。
そんな噂を聞きつけ、まちを歩いてみる。
いろいろな人に会って、話を聞いてみると、
吉祥寺にも三鷹にもない場所や
人の思いが浮き出てくる。
「素通りされるまち」でも
「とことんベッドタウン」でもない、
新しいまちのイメージが、
今まさに組み立てられているようだ。

MUSASHI-SAKAI

武蔵野市立ひと・まち・情報 創造館
武蔵野プレイス

図書館でありながら、生涯学習・市民活動支援・青少年活動支援の機能を併せ持った複合型の公共施設。施設内にはカフェや青少年専用スペース、貸会議室などが併設され、全世代の人々の交流が自然に生み出されるように意図されている。

デザイン設計：有限会社KW+hgアーキテクツ
運営：公益財団法人武蔵野生涯学習振興事業団
9:30〜22:00／水休、年末年始、図書特別整理日休／武蔵野市境南町2-3-18／JR中央線・西武多摩川線武蔵境駅徒歩1分／0422
30-1905

PHOTO(P44-47): Shoichi Fukumori

「武蔵野プレイスのカフェがとくべつ！」

1階中央にあるカフェ フェルマータ。ここにも武蔵野プレイスを自慢したくなる理由がありそうです。カフェスタッフと常連の皆さんに聞きました。

三品雅彦
市内在住歴30年。武蔵野プレイスの常連さん。

松井隆雄
イギリス在住歴あり。カフェ フェルマータの発起人・オーナー。

藤田 操
カフェ フェルマータの店長。かつては常連だった。

内田朋子
3児の母。地域のフリーペーパー『ムサシノHuber』を制作。

ムン・ヒーチョル
韓国出身の留学生。カフェ フェルマータのアルバイトスタッフ。

萩原 修
今回の聞き手。たまら・び地域ディレクター。

図書館とカフェの関係

萩原さん「図書館の中のカフェは、あちこちあるけど、武蔵野プレイスにあるカフェフェルマータの特徴は何でしょうか」

松井さん「フェルマータのコンセプトは『人とまちをつなげる』。ヨーロッパのカフェ文化をイメージしています。日常の中で、気軽に立ち寄れる場所。カフェを媒体に、人と人や情報、まちをつなげたい。かたちは違いますけど、目指しているところは図書館と共通しています」

萩原さん「人と人をつなげるために、何かやっていることはありますか」

松井さん「月に3、4回程度、イベントを開催しています。自分の好きなものや思ったことを自由にシェアできるような、小規模なものです」

萩原さん「なるほど。公共図書館の中で、お酒があるのも珍しいですよね」

松井さん「そうですね。17時からしか提供はできませんが、家に帰る前に立ち寄って、好きな本とお酒を楽しむ方がいますよ」

萩原さん「お酒があることで、普通の公共施設にはない場所の使い道ができているようですね」

いろいろな人の居場所に

萩原さん「今日は利用者の方にも来てもらっているので、この場所の使い方、なんで通いたくなるのか、聞きたいです」

内田さん「私は今、子育て中なんですが、子ども連れだと入りにくいお店が多いんです。でもここは図書館もカフェもとても行きやすい。『受け入れてくれる場所』だと感じます。あとは駅から近くて、授乳やオムツ交換ができるスペースもあるので、便利ですね」

萩原さん「内田さんは、フリーペーパーも作っていますよね？ それと武蔵野プレイスは関係がありますか？」

内田さん「はい。ここには子育て世代が集まるので、フリーペーパーを絶対に置いてほしいと思ったんです。ここにいる皆さんは情報をもらおうという意識が強いような、関心の高さを感じます」

萩原さん「そうなんですね。それは図書館ならではかもしれない。学ぼうという意識があるというか」

内田さん「そうですね。アンテナを張っている人が多いので、カフェにいて隣の人の話が耳に入って、思わず話しかけることもあります。そういうちょっとした情報交換ができる場でもあります」

萩原さん「図書館という特徴が出ますね。三品さんはいかがですか」

三品さん「私はよく図書館に来ていて、映画の会と本の会というカフェのイベントにも参加しています。私が思うのは、カフェが一階の中央にあるから、程よい雑音が感じ取れるということ。普通の図書館って静かじゃないですか。ここだと喋ってもいいから、変な緊張感がありません」

萩原さん「とくに一階けわさわさしていますからね（笑）」

三品さん「ええ。それに映画の会と本の会には、独特のゆるさがあるんです。詳しい人もいれば、まるっきり初心者の人もいる。幅広くいろいろな人と会えるのが面白いです。夜の22時までやっているのも通う人の多い理由じゃないですかね」

萩原さん「なるほど。ムンさん、学生としてはどうですか？」

ムンさん「僕はカフェのスタッフですが、シフトが入っていない時でも、勉強をしにここに来ます。図書館だから調べものにも便利だし、勉強をしていても怒られないから、気軽に滞在できる。友だちもよく来ます」

藤田さん「試験前の時期になると、学生の利用が多くなりますね」

萩原さん「そうですか。いつもの客層はどうですか？」

藤田さん「時間帯によって違います。男女比は3対7くらいですね。午前中はご高齢の方。お昼をすぎると、子ども連れや学生。夕方以降にはビジネスマンが増えます」

萩原さん「お客さんは、カフェに来ているのか、図書館に来ているのか…その辺りはどう思いますか？」

松井さん「多くの方は図書館だと。ただカフェ目的の方も一定数いらっしゃるみたいです。というのは、年1回、棚整理で1週間図書館が使えない時期があるんです。その時は、1階ではカフェだけが開いていて、そここお客さんが集まるんです」

1 放課後に賑わう青少年フロア（B2）には、ボードゲームも。2 館内は「角」のないデザイン。開架フロア（B1）の本棚も曲線。3 おはじきのような椅子が館内のところどころに。4 大きな窓は武蔵野プレイスのトレードマーク。5 カフェのある1階は仕切がなく開放的。6 階段も「角」のない螺旋階段。

萩原さん「へえ！図書館に付随した存在というだけではないのですね」

まちのこれから

松井さん「僕は、まだ駅が高架化されていない約10年前、武蔵境に引越して来ました。その時の印象は『イケてないまち』（笑）。僕もそうですが、中央線沿線で家を持ちたい人が、地価が比較的安い武蔵境に落ち着くことが多いようです」

三品さん「私も同じです。中央線沿線で住む場所を探していて。武蔵境に来たのは30年も前ですが、やはり『忘れられているベッドタウン』というイメージが強かった」

萩原さん「ここ10年で、武蔵境周辺は大きく変化しましたね。武蔵野プレイスもできたし、駅も高架化された。人口も増えている中で、新たにまちの方向性が見えてきてもいいと思うんですが、いかがでしょうか？」

松井さん「個人的には、人が定着しやすいまち、だと思います。武蔵野市といえば吉祥寺かもしれませんが、吉祥寺はその分、入れ替わりが激しい。実は『発信しにくいまち』なんじゃないかな。それに比べたら、武蔵境は身を置き続けられる場所。腰を据えて、何かに取り組めると思うんですよね」

萩原さん「そういう中で、この場所は何をしていけばいいと思いますか？」

三品さん「もっと人と人をつなぐ結び目になればいいですね。私はここに集まる人たちとの接点や共通点が知りたい」

萩原さん「図書館や本を通じたコミュニティ、というか」

三品さん「そうですね」

松井さん「武蔵境周辺には『タレント』を持った名もなき人がたくさんいると思うんです。そういう人たちをつなげていけば、もっと面白いまちになると思います。点と点をつなげていく、というのがこれからですね」

萩原さん「図書館という点で、ここには年齢もさまざま、意識が高い人が集まるという面白さを感じます。武蔵野プレイスができたことで、人が集まったり、新しい拠点ができたり…まちに染み出していく影響があるかもしれないですね」

「ステキな新店、どんどん生まれてます」

NORIZ COFFEE

暮らしに寄り添う、ぜいたくなブレイクタイムを

「a good time with good coffee」というのが、NORIZ COFFEEのコンセプト。店長の田中さんが思い描くのは、コーヒーを飲みながら、お客さん同士で緩やかなつながりが生まれていく空間だ。開店から1年半。そんな田中さんの思いは次第にかたちになっているようで、最近では常連さん同士で会話が生まれることも増えたとか。「向かい合う席を設けていないので、僕からお客さんの表情がよく分かるんです。カウンター越しに会話をすることもあります」(田中さん)武蔵境は、田中さんの地元。馴染みのあるエリアだからこそ、愛着も深い。「いずれここがコミュニティスペースのようになるといいなあと思っています。この店から、少しでも武蔵境エリアを盛り上げていけたら嬉しいです」犬の散歩途中や仕事帰り、休日のブレイクタイムに。ここでの1杯が新しい武蔵境の暮らしのワンシーンになっているようだ。

月～金10:00～20:00、土日祝9:00～19:00／木休、不定休あり／武蔵野市境2-8-1／JR中央線・西武多摩川線武蔵境駅徒歩4分／電話非公開／www.norizcoffee.com/

店長・田中宣彦さん

コーヒー豆は5種以上。好みに合わせておすすめします!

1 田中さんが丁寧に淹れてくれるハンドドリップコーヒーをぜひ。2 コーヒーのお供になるスイーツもいろいろ。写真はコーヒーロールケーキ。3 市内にあるHOT BAGELSのベーグルがある日も。

ond

4つの店が集まる、まちに開かれたフードの拠点

1 markhor DELIのランチプレート。惣菜はテイクアウトも可能。2 public counterでは淹れたてコーヒーが味わえます。3 Bateau a tartesのタルトは彩り豊かで美しい(421円)。

markhor DELI・渋谷恵さん(左)
Bateau a tartes/public counter・井手さん(右)

武蔵境初! 26kブルワリーの地ビールをお楽しみに。

JR中央線の高架下を歩いていると目に入るのが、ondの入口にたなびくシックな暖簾。それをくぐると、コーヒースタンドやデリカッセンのカウンターが。ondは「手仕事やひとの温度(ond)を感じられる場所」をテーマに、昨年オープンした新しい店。一見一つの店のようだが、中にはCoffee Philosophia(コーヒー豆自家焙煎)、markhor DELI(惣菜店)、Bateau a tartes(タルト専門店)、public counter(カウンターカフェ)という、4つの店が併設する複合店。それぞれのカウンターで注文したメニューを、テーブル席が並ぶ奥の「フリースペース」でイートインできるという仕組み。「さまざまなカテゴリーのものが1箇所に集まることで、新しいものが生まれる」と期待されているそうだ。2018年1月からは、26kブルワリー(ビール工房)も加わる予定。ますます、楽しみかたが広がりそうだ。

月～金9:00～21:00、土日10:00～21:00／水休／武蔵野市境南町3-2-13／JR中央線・西武多摩川線武蔵境駅徒歩7分／0422-38-5500／ond-craftfood.com/

まちづくりを担う、街角カフェ

Cafe Sacai

JR中央線の高架下にあるこの店。頭上を走る鉄道の音を聞きながら入店すると、「いらっしゃいませ」と優しい笑顔でスタッフが出迎えてくれる。約3年前にできたここは、三鷹市にあるCafe Hi famigliaの姉妹店。「作りたいのは、店ではなくまち」と志を語るオーナーの鈴木さんにとって、高架下という立地は特別であったようだ。「何もなかったところにカフェができる意味は大きい。カフェは、まちの風景にならないといけないと僕は思う。高架下という新しい空間に店を出すことは、新しい風景を作る、つまり『まちを作る』ことだと思います」ランチからティータイム、ディナーメニューも豊富で利用シーンも充実。新たな街角カフェとして、まちに住む人たちの暮らしに寄り添った存在となっている。

11:00〜22:00／火休／武蔵野市境南町4-1-16／JR中央線・西武多摩川線武蔵境駅徒歩7分／0422-27-8536／www.cafe-sacai.com/

月に一度は、地元野菜の直売会を開催しています！

スタッフ・川島洋平さん、瀬谷晃子さん

1 とろり卵がご飯とソースとよく絡む、オムライス(918円)。**2** アットホームなスタッフの皆さん。まるで家族写真！ **3** ゆったりとした席が多く、ご飯を落ち着いて堪能できます。

お酒と料理 えいよう

オープンして1年を迎えたお酒と料理「えいよう」。若き日々をこのまちの周辺で過ごした店主・清水さんは、飲食店で勤めた後に独立して店を構えた。幅のある特徴的なカウンターが印象的な店内。古材を利用したこのカウンターは、訪れる人の時間を大切にしたいと、厨房との距離感を意識して作られた特注のものだ。待ち望んでいたかの如く、オープンから地元の人が続々と通っている。お酒を豊富に扱っていることもあり、平日は一人客が多いが、意外にも週末となると時には3世代の家族連れで訪れる人も多いそうだ。開店から1年で地域の人の憩いの場としてすでに成熟している。それは、一度訪れた人にまた足を運んでもらいたいと、最大限のもてなしを重視している清水さんの思いが地元の方へ届いているからなのだろう。

17:00〜23:00／月・第2第4日曜休／武蔵野市境1-12-4／JR中央線 西武多摩川線武蔵境駅徒歩4分／080-9513-4054

大人も子どももくつろげる、新たな憩い場

1 厨房とカウンターの程よい距離感で、清水さんとの会話も弾む。**2** 古材を使った味のある扉が目印。**3** 本日のご飯は、大根と厚揚げと自家製こんにゃくの煮物(750円)、季節の白和え(650円)、土鍋ご飯(300円)。

家族みんなで楽しめる店。子ども連れも歓迎です！

店主・清水峰夫さん

TEXT: Kaoru Nagami

MUSASHI-SAKAI RECOMMEND

03

「ユニークすぎる、超・地元密着型教習所」

東京車人
武蔵境自動車教習所

武蔵野市武蔵境に根ざして半世紀余。運転免許を取ることが「一生の思い出になるように」と、教習所の枠にはまらないユニークな取り組みを数多く実施している。

月～金9:00～21:00、土日祝9:00～19:00／武蔵野市境2-6-43／JR中央線・西武多摩川線武蔵境駅徒歩5分／0120-15-6343／www.musasisakai-ds.co.jp/

「武蔵境」とともに生きる

普段は閑静な住宅街然としている武蔵境に、夏になると約1万人が集まる一大イベントがあるらしい。それが武蔵境教習所主催のサマーフェスティバル。まちはもちろん、運営する側も相当盛り上がるようだ。毎年、その時期になると各部署から委員を招集。焼きそば担当やかき氷担当など、各社員の役割は熱のこもったジャンケンで割り振られるという。社員一丸となって取り組む、その熱意に驚く。

「サマーフェスティバルの最後には花火が上がるんですけど、いつも感動で泣いています(笑)。自分たちが楽しむことが、お客さまに楽しんでいただくことに通じる。皆、そういう気持ちです」(小林さん)

熱のこもった話を聞くと、つい忘れそうになるが、ここは自動車教習所。なぜ教習所がそこまで、と疑問が浮かぶ。

「きっかけは3代目社長・髙橋の『教育業』ではなく『サービス業』をやっていこう、という決断でした。当時、インストラクターは『教官』、お客さまは『生徒』。教える側と教わる側という上下関係があったんです。それを変えていこうと」(山上さん)

「イベントの目的は、お客さまのいる『地域』に感謝を伝える、ということ。それは今でも変わりません。地域の方が公道の使用などに理解を示してくださるから、私たちがある。教習所は『地域ありき』の場所なんです」(国領さん)

そうして1989年、餅つきから始まったイベントには、在学生だけでは

教習所を解放!

地元で話題の人気イベント

ご一緒に楽しみましょう!

1
January
餅つき大会

1000年、初めて行った地域イベント[illegible]った。以後、毎年行われており、大事な地域との交流の場になっている。

8
August
サマーフェスティバル

スタッフ総動員の夏の恒例イベント。打ち上げ花火はもはやまちの風物詩。

8
August
謝恩BBQ

地域への感謝を込めて、スタッフ一丸!

教習所の近隣住民を招待するイベント。スタッフがBBQでおもてなし。

10
October
フリーマーケット

Pikkuにも会いに来てね

100ブース以上が出店。地域の人や教習所卒業生の出店もあるそうだ。

Monthly
ナイトラン

夜の教習コースを走る、ユニーク企画。地元のスポーツクラブ・インストラクターの方も参加。

Monthly
ミニコンサート

これからも地域密着!

毎月第一土曜に開催。地元の高校生や大学生、地域サークルなど、参加者はさまざま。地域の人の来場も多い。

1 待合スペース。インストラクターがここまで迎えに来てくれる。**2** 市内で保育園の運営もはじめる同社には、お客さま用キッズルーム(託児所)が併設。**3** 高気圧酸素カプセルの利用も可能。**4** VIPルームには専用コンシェルジュが常駐している。**5** 館内に出張してくるネイルサロンも人気。

なく卒業生や近隣住民、地域の中高生の参加も多い。さまざまな形で地域とのつながりを生み出しているようだ。そしてそこでも生かされているのが、徹底した「サービス」の精神。

「社員の個性を活かす、思いのこもったサービスが弊社の強み。ただ設備が揃っているだけではなく、一人ひとりがお客さまのことを考えて行動することをいつも気にかけています」(山上さん)

小林さんと皆で考えた運転免許くんも、その一つ。

「僕は営業ですが、一目でお客様に『教習所』ってわかってもらえるにはどうしたら良いかを考えて…こんなかたちに(笑)。いろんな方に声をかけてもらえるので嬉しいですね。つながりを作るきっかけになります」(小林さん)

教習所内を歩いていて感じるのは、社員同士の厚い信頼関係。互いに挨拶を交わす時にも笑顔が生まれる。そんな風景があるから、所内は心地よいウエルカムムードで満たされている。

「イベントで生まれる団結を社員が実感しています。イベントはその場限りではなく、自分たちの糧になると身をもって知っているんです」(国領さん)

地域に密着することは実は難しい。ここは地域に根を張る場所。地域とともに生きる、その姿を見た気がした。

駅から少し歩いた先の、小さな路地裏商店街。

グリーンパーク商店街

三鷹

吉祥寺駅・三鷹駅からバスで10分、武蔵野中央エリアにある全長200メートルほどの小さな商店街。古くからある商店街としては珍しい横文字の名前は、第二次大戦後、アメリカ進駐軍が零戦の製造などを担っていた中島飛行機武蔵製作所を接収した際にこの一帯を「グリーンパーク」と命名したことに由来する。その後、占領下の1951年に野球場・東京グリーンパーク(別称:東京スタジアム)が建設され、その引き込み線として三鷹駅から球場までを結ぶ国鉄武蔵野競技場線が開通、その駅前商店街として栄えた。1973年に在日米軍住宅地区が全面返還され、その後も今日に至るまで三鷹の地元商店街として脈々と歴史を紡いでいる。

「食べる」を共にする豊かさ

まるで映画のセットのような近い距離感で個人商店が向き合い隣り合う、グリーンパークという名のこの商店街を初めて訪れたのは年に一度のお祭り「軒下フェスタ」の開催日、通りには露店が立ち並び、仮装した子どもたちがお菓子や綿あめを片手に元気よく駆け回っていた。鉄板で手際よく豪快に作られる焼きそばや地元のお母さん方が作った豚汁、焼き鳥屋が店先で寸胴から振る舞うモツ煮込みなどを食べ歩きながら通りを徘徊する。お祭りだから、というのもあるかもしれないが、露店で食べ物を振る舞う人々の手の込んだ設備や料理のクオリティから、「食」に対して手を抜かず、全力で楽しもうとしている印象を受けた。

日を改めて訪れたのは、2017年春にこのグリーンパーク商店街に新たにオープンした『MIDOLINO_』。ここはシェアキッチンをベースとした創業支援施設であり、各キッチンブースがL字に並ぶ。「飲食店営業」「菓子製造」以外にも「惣菜製造」「ソース類製造」「粉末食品製造」の製造許可を取得している日本でも類のないシェアキッチンだ。この日は、もともとエンジニアで趣味として自作のシフォンケーキを研究しているという河原さん、来月に控えたイベントに向けてサンドイッチを試作

1 子どもたちの列が絶えなかった綿あめ売り場。**2** ビールと一緒に店先で売られていたモツ煮込みは大人たちに大人気。**3** MIDOLINO_と親交があった福島県国見町からも地元食材の出店。交流の幅は町内だけにとどまらない。**4** 地元のお母さん方による熱々の豚汁。**5** ベテランの風格漂う、食事処エイトランドのご主人が振る舞う焼きそば。**6** MIDOLINO_にてパンの試作中のお二人。**7** シフォンケーキを自作していた河原さん、今日は会心の出来とのこと。**8** お互いが惣菜を持ち寄り昼食を食べる、みどりの縁がわ。現・商店会長木村さんの会社事務所1Fのスペースを利用している。

しているという高野さんと猿山さんがキッチンスペースを利用していた。この場所をレンタルしてパン屋やお菓子屋など飲食店の営業ができるだけでなく、自らが考えた製品や料理をこの場所で作り、この場所以外で販売することもできる。食を通じて何かを新しく始めたい人にとって、現実的なアウトプットの第一歩となれるスペースだ。

「食べない人、っていないですよね。だから“食”は世代とか立場とか関係なく、自然に共有できるものだと思うんです」と話すのはMIDOLINO_のオーナーである舟木公一郎さん。

「何かを人のために作って、それを売って、食べてもらって、美味しいと言ってもらえる。それってシンプルに嬉しいし楽しい。そういった商いの原体験を感じてもらいたいんです」

地域内外に向けたさまざまなイベントを開催しているMIDOLINO_のような新しい動きの他にも、事務所のコミュニティスペースを利用して、近所の住民が皆で惣菜を持ち寄って毎週昼食を食べる「みどりの縁がわ」など、近隣同士の人々が日常的に食を通じて互いに顔を合わせられるような環境が自発的に出来上がっている。

新しいアイデアを持つ若い感性と古参の人々が近い距離で共存しながら、同じ食卓を囲む家族のように和やかに団欒している。

1 お祭り後、MIDOLINO_で開かれた豪勢な打ち上げ。手の込んだ料理の数々。**2** 楽しく飲みながらも、来年の祭りに向けての意見を出し合う商店会の方々。**3** 舟木さんと仲良し、美容院のリリィさん。MIDOLINO_では毎月第三火曜日にリリィさんが料理を振る舞うイベント「リリィの部屋」が開催中。**4** キッチンを軽やかに使いこなしていた、料理人の方々。**5** MIDOLINO_オーナー、一般社団法人フラットデザイン代表の舟木公一郎さん。

MIDOLINO_

10:00～10.00／月・水休／武蔵野市緑町1-5-20第一根岸ビル1F／JR中央線三鷹駅からバスで「武蔵野住宅」下車／0422-38-8457／info@midolino.tokyo

まちの動物園が、いま考えていること。

井の頭自然文化園のこれまでとこれからについて

INOKASHIRA PARK ZOO

人生最初の動物園であるために。

大橋 直哉(左)
井の頭自然文化園教育普及係長。上野動物園や多摩動物公園での勤務経験もあり、動物園の運営に長く携っている。

名知 正登(右)
編集者・ライター。武蔵野市在住。井の頭自然文化園には家族と訪れることが多く、市民としての思い入れも深い。

井の頭自然文化園

9:30～17:00(入園は16:00まで)／月休(祝日の場合、翌休)・年末年始休／武蔵野市御殿山一丁目17－6／JR中央線・京王井の頭線吉祥寺駅徒歩10分／0422-46-1100／一般400円

――吉祥寺というある意味特殊なまちの中の動物園ですが、来園されるのはどういった方が多いのでしょうか？

大橋さん(以下略)「親子でいらっしゃる方が多いですね。比較的小さい動物が多いのでインパクトは若干弱いかもしれませんが、園自体があまり広くないので体に負担がかからず回れるというのが利点なのかもしれません。小さい子が飽きないうちに見終われるし、地面も平らなので歩きやすい。散歩気分で気軽に来られる園なのかなと思いますね」

――アクセスしやすい、身近に感じやすいというところは特徴ですよね。園としての方針は何か共通認識としてあるのでしょうか？

「『入門動物園』と『日本産動物園』という二つの柱があります。小さい子どもが最初に来るような動物園、そして、武蔵野にもいたであろう日本に暮らす動物たちをできるだけ飼っていきましょう、というものですね。子どもたちにとって動物の興味と理解への入口になるみたいな。実際に保育園の遠足などで来られる場合も多いです」

――子どもたちにも人気があるコーナーはなんでしょう？

「モルモットふれあいコーナーは来園者のほとんどの方が立ち寄りますね。他にはリスの小径、フェネックかな。かわいらしい動物はやっぱり人気がありますね」

――まちの中にある動物園というのは日本でも珍しいのでしょうか？

「田舎だと城下町にあったりしますが、この園のように都市部の近くにあるのは珍しいかも知れません。昔、放し飼いにしていたクジャクが飛んでいって中央線を止めたという逸話が伝わっています(笑)」

「飼育」と「展示」の線引き。

——大橋さんと動物園の付き合いはどのくらいなのでしょうか？

「ぼくは前は多摩動物公園で働いていて、上野動物園で働いていたこともあります。合わせると20年近いですね」

——立地以外の面で、他の動物園との違いはなんでしょう？

「この園にはデザイナーの方がいて、イメージの統一感を図っています。なので、グッズやポスターなどの表現の質は高いのかなという気がしますね」

——確かにグッズのクオリティが高いですよね。飼育と展示に関しては、日頃から何を意識して動物たちと接しているのでしょう？

「最初は無我夢中で飼育しますよね。でも、そのうちだんだん慣れてきてお客さんの反応が見えてくると、自分の飼育している動物に関して情報発信をしていきたいという気持ちが強くなってくるんです。PRのイベントを考えたり、展示を工夫したり。やっぱりお客さんに楽しんで帰ってもらいたい。ただ動物を飼っているだけでは意味がないので」

——動物園というのはテーマパーク的な娯楽施設の面もありますけど、生まれたり、死んだりというのがわりと日常的にあってシビアな側面もあるように想像します。

「園によって方針が違うと思うんですけど、うちはあんまり裏側は見せないですね。展示をきちんと見てもらって楽しんで帰ってもらうということが大事。例えば、名前なんかもむやみにつけなかったりとか、ペット的な飼い方はしていないですね。ゾウのはな子のような特別なケースもありますが」

——そういった微妙な線引きは働かれている方しか得られない感覚だと思います。大橋さんが個人的に好きな動物や展示などはありますか？

「小さい動物が好きですね。勝てそうな動物が好き（笑）。ゾウやゴリラとかパンダとかって、個人でこう変えたいと思ってもなかなか難しいですけど、それに比べてネズミとかは良くも悪くも注目されづらいので、自分で展示を工夫しやすいんです。お客さんの様子を観察しながら、ちょっとずつ変えていくみたいな。動物は見えなければ面白くないし、かといって動物にとって見られることはストレスになる。いい塩梅の魅力ある展示を考えるのは、難しくもあり面白くもあります」

——小さな動物の方が展示が凝ってる場合もあるということですね。ではこの園で大橋さんのおすすめのコースは？

「ぼくはカワウソが大好きなので、カワウソを見てからタヌキとかアナグマ、そこを抜けてリスの小径を通り、彫刻館を見てから帰ってくるみたいなコースでしょうか」

——彫刻館、奥まったところにありますが見応えありますよね。来園される方は皆さんあそこまで行かれますか？

「知らない人のほうが多いかなー…。入園者の1割ぐらいが行くイメージ。雰囲気が割と変わりますからね、鬱蒼としたところを抜けて。行きにくい場所ではあるのかな。長崎の平和祈念像の原型があることとか、彫刻家の北村西望さんが晩年までアトリエ館に住んでいたこととか、あんまり認知されてないですね」

1 近隣の保育園などの遠足でもよく利用されている。2 可愛らしい仕草が人気のフェネック。3 間近で様子が見られるペンギンコーナー。4 モルモットふれあいコーナーは来園者がもっとも立ち寄るスポットのひとつ。5 リスの小径は縦横無尽に足元をリスが駆け回る。6 そこが定位置のように微動だにしない白ヤギ。

ゾウのはな子と、それから。

――ゾウのはな子がいた場所は、今後どうなっていくのでしょう？

「具体的なものはまだ固まっていないのですが、まずゾウは今の国際的な基準からしたらスペースの問題で飼えない状況です。オス一頭に、メス複数の群れで飼うというのがゾウの基本ですから。だから、はな子の思い出を残しつつ、別の形への転換を図る必要があるかと思います」

――残念な気もしますが、生き物を扱う園として変化は必要ですよね。一方で吉祥寺の駅前には、はな子の銅像が立ちました。やはり市民にとって特別な動物だったのでしょうか？

「動物園って意外と、動物の銅像って建てないんですよね。シンボル的な動物はもちろんいるんですけど、その都度それを作っていくというのも現実的に難しいですし。はな子の銅像は市民の方が募金を集めていただいたおかげで実現しました。我々も、もちろん協力させてもらいましたが、市民の方にこういった動きをしていただけるのはめったにない形だとは思います。お別れ会も盛大にさせていただきましたし、やっぱり愛されていたんだな、と実感しました」

――まちにとってそこまでの存在になりえる動物というのは、やはり特別だと思います。

「はな子は、特に年配の方で自分の人生に同一化される方が多くて、そこが愛されてきた理由の一つだったと思います。戦後の混乱期からずーっと一緒に生きてきたような。そういう意味での思い入れが皆さんあったのかなという気がします」

――昭和17年（1942年）の設立から現在まで、その間の思い出や愛着は人それぞれのストーリーがある思います。そもそもこの井の頭自然文化園は動物園として開園したのでしょうか？

「文化というのは教育である、という理念がそもそもあって。昔は博物館や講堂もありました。当時、東京には上野動物園しかなくて、第二の都市型動物園を作りましょう、ってことで戦時中に開園したんですよね。上野と差別化するためにも、教育を重視しようということで自然文化園という名がつけられたようです。戦争が終わって、1955年に大規模な展示をする多摩動物公園ができて、その二つが有名になりましたけど、うちはその狭間ですぽっと取り残されたような感じで（笑）。あまり新しい施設もできず、褒め言葉かわかりませんが、『いつきても懐かしい。変わりませんね』とよく言われます」

1 平日でも子どもたちや親子の姿が多い園内。2 スポーツランドではどこか懐かしい遊園地アトラクションが楽しめる。3 はな子のゾウ舎では当時の思い出の写真やビデオを見ることができる。

動物はそこに居続けなければならない。

——今後の園についてお聞きしたいのですが、やはり来場者は増えて欲しいですか？

「そうですね、どう来てもらうかというのがまず一番考えなきゃいけない。動物園は来てもらわないことには始まらないので。昨年も105万人くらいの方に来て頂いていますので、今年もその前後を目標にしてやっています」

——そうなると、やはり集客のためのイベントや、PRなどの広報が重要なのでしょうか？

「もちろんそうなんですが、なんでもかんでも広めて楽しければいい、というものでもなくて。ただのお遊びになっても困るので、そのあたりの線引きが大事かと思います。楽しみつつも、何かを得てもらうというのが理想ですね。お客さんが来てもらうためだけだったら、たとえばヒーローショーとかバンバンやればいいんでしょうけど、それは違うというか。園のイメージを大切にしつつ、リピーターを確保することが大事だと思います」

——リピーターは多い印象があります、年パスも安いですよね。

「年パス1600円で、小学生以下は無料です。でも、来るお客さんはやっぱり低学年が多くて、高学年や中高校生になるとなかなか来ない。ほんとはそれぐらいの子たちにも来てもらえると嬉しいんですけど、なかなか難しいですね。動物に興味ある人は動物園に来るけど、動物に興味がない人にも届かせるにはどうするかっていうのが非常に悩ましい。ここの存在のことを知らない人も多いと思いますし、井の頭公園とごっちゃになってる人もいると思いますね。一見、外から見ると動物園っぽくないので（笑）」

——確かに意外と武蔵野在住で来たことがない人もいるのかもしれません。大橋さんが今後も動物園に携わり続ける上で、大事にしていきたい明確な想いなどありますか？

「人は仕事辞めちゃえばそれで終わりですけど、動物はそこに居続けなければならない。お客さんに来てもらうためだけの都合で動物を見せようとするのではなく、動物の本来持つ習性を尊重した上での展示を考えていきたいです。最近は動物福祉という考え方も高まっていますし、批判を受けることもあります。動物を第一としながら園として『飼うこと』『見てもらうこと』の両方を満たしていくというのが、大事かなと思いますね」

1 二重扉のリスの小径入り口。2 はな子がいた場所にいま動物はいない。今後の活用は検討中とのこと。3 北村西望が晩年まで過ごしたアトリエ館。4 彫刻館はA・Bの二つ。全長10メートル近い長崎平和祈念像もある。5 園内動物慰霊之碑。年に一度、全職員が集まる慰霊祭が行われている。6 動物を近い距離で感じることができるのはこの園ならでは。7 森にそびえる北村西望作・加藤清正公。

本と武蔵野が好きなひと。

Meet Musashino People

武蔵野市では、さまざまな文化が発信されている。音楽やファッション…そのカテゴリーは枚挙に暇がないが、中でも「本周り」がアツいと思う。武蔵野にいる本にまつわるたくさんの人たちは、それぞれの意志を持ってこのまちにいることを選んでいる。クリエイティブな彼らの目に、武蔵野市はどう映っているのだろう。

People 1

イラストレーター／文筆家

キン・シオタニ

クリス・モズデルに師事し詩人を目指した後、1995年から井の頭公園で手売りをしていた自作ポストカードが注目され、以後さまざまなメディアで活躍。イラストにとどまらず文章、ときに脚本や落語、ドローイングシアター（パフォーマンス）と表現の幅が広い。レギュラーTV番組「キンシオ」がtvk他で放送中。

Q. 武蔵野ってどんなまちですか？

A. 雑木林みたいなまちだよね

武蔵野市のお隣、小金井市で育ったキンさんは、高校生の頃から吉祥寺への並々ならぬ憧れを抱いていたそうだ。キンさんのすごいところは、その憧れを薄れさせることなく、ついには叶えてしまったこと。それがちょっと誇らしいとか。

日本各地を旅することをライフワークとしているキンさん。多くの都市を見ると、子どもの頃に抱いていたまちのイメージが変わってきたそうだ。

「小さい頃は、吉祥寺ってとにかく都会だった。でもさ、外から見てみると意外と『地方都市』だなって思ってきたんだよね。アーケードが２つもあって、なんだか懐かしさもあるし、ビルと自然が混ざってる感じが」

そう気づいてから興味を持ち始めたのが、まちの成り立ち。今なお残っている短冊状の区画や、地名の由来など、歴史をひっくるめてこのまちが好きになったという。

「雑木林みたいなまちだよね。大きい木も、小さい木も仲良く並立している。いろんなものがうまく共生しているというか。僕はそんなまちみたいになりたい。小さい仕事も、大きい仕事も関係なく。いろんな要素が僕を作っていると思うから」

「三方よし」という言葉があるが、キンさんの三方は、依頼主、見る人、自分。その三方がいい場合、世間的にもよくなるはずで、そんな仕事をこれからもしたいと語るキンさんとその絵がいっぱい掲げられているまちには強い絆があるようだ。

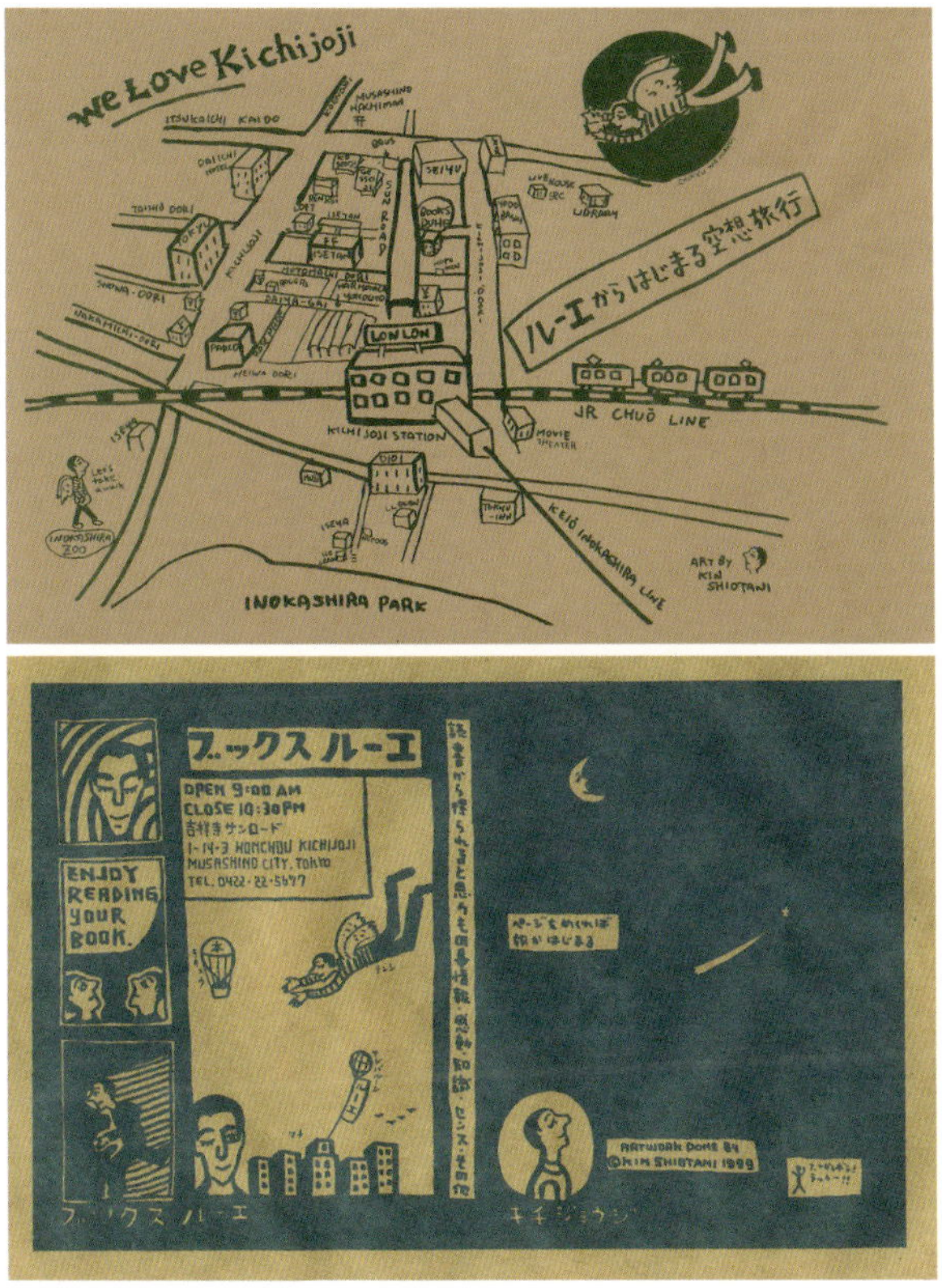

▲ キンさんがデザインした、BOOKSルーエのブックカバー。年に２回デザインが変わる。カバー欲しさに本を買いに来る人も。

▼ キンさんのイラストで武蔵野市の自然とまちが表現されたラッピングバスが、昨年からまちを走っている。キンさんのまちへの思いが詰まった渾身の作。ぜひ街中で見つけてほしい。

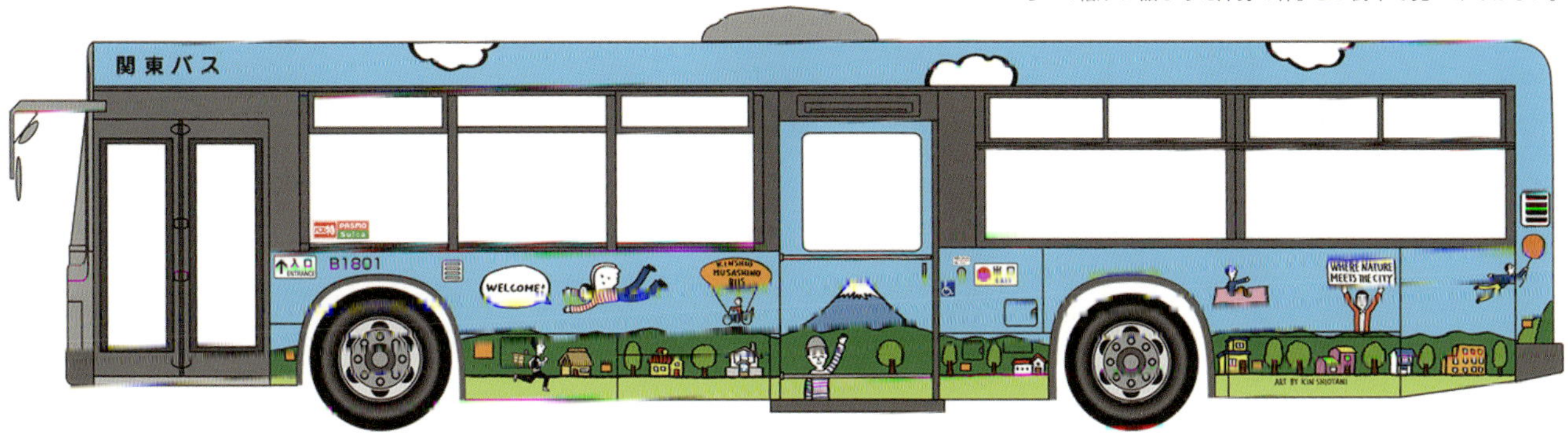

PHOTO(P60-64): Shoichi Fukumori

1 雑踏が遠ざかる2階にある百年の入口。 2 街角に佇む一日は、扉を開けるとき人の家にお邪魔するようなワクワク感が。 3 一日には、ガレージを利用したスペースも。屋外にあることで、本の存在感が増す気がする。

People 2

百年／一日 店主

樽本樹廣

著名人のファンも多い、本のセレクトショップ「百年」の店主。昨年7月には、2号店である「一日」をオープン。

Q. まちの中で「百年」「一日」はどんな場所？

A. 大きいものからこぼれるものを、拾える場所。

「どれだけ繁盛しているかで競争するのは、このまちらしくない」樽本さんの言葉には重みがある。2006年に百年をオープンさせてから11年間、店の根を伸ばしてきた。百年は明らかに他店とは違うが、それを具体的に言い表すのは難しい。本好きを唸らせる品揃え、著者と距離の近いイベントの開催などは確かに特徴的だが、雰囲気と言おうか、哲学と言おうか…目には見えないところに、強い個性があるように思う。「本を売ってくれる人、買ってくれる人との信頼関係が一番大事。値段ではない尺度で、ここで売りたい、ここで買いたい、と思ってもらえたら嬉しいですね」古書店は、本好きから本好きへ本を渡す「つなぎ役」。その信念が伝わるからだろう、「大事な本だから百年で売りたい」そうやってくる人も多いそうだ。そして、そんなお客さんとのつながりを引き継ぎながら昨年オープンしたのが「一日」。ギャラリースペースが併設され、百年よりも本の量は少なく「ものと向き合う時間」をより重視できる空間を意識したそう。「本や絵、写真など、ものづくりに携わる人を応援したい。有名でなくても、すごい人って、実は身近にたくさんいるんですよ。有名無名にかかわらず、何か思いを持って発信しようとしている人の背中を押せる存在でありたい」まちは人でできている。だから人を大事にすることは、まちを大事にすることかもしれない。「ここはまちと一緒に生きる店」、樽本さんがぽつりつぶやいた一言が強く印象に残った。

OLD/NEW SELECT BOOK SHOP 百年

12:00〜21:30／火休／武蔵野市吉祥寺本町2-2-10村田ビル2F／JR中央線・京王井の頭線吉祥寺駅徒歩4分／0422-27-6885／www.100hyakunen.com/

一日

12:00〜20:30／火休／武蔵野市吉祥寺本町2-1-3石上ビル1F／JR中央線・京王井の頭線吉祥寺駅徒歩4分／0422-27-5990

People 3

花本武

BOOKSルーエ 書店員

Q. どんなまちの書店でありたい？

A. 地元を応援しながら、
応援される存在に。

BOOKSルーエに一歩足踏み入れればわかるのが、書店員たちの熱意。まだ世に周知されていない新鋭作家とのコラボや地元作家を力強く推すフェアの開催など、その思い切りのよい姿勢には、本物の書店たる強い意志を感じざるを得ない。そして中でもとりわけ個性が光るのが「棚作りの花本さん」。花本さんが手がける棚は、密かに「花本棚」と呼ばれ、よくよく見ると「なんでこの本の隣にこれが？」とお客さんの関心を向ける仕掛けが施されている。一見関係のなさそうな本と本のつながりがわかると、間接的に花本さんと意思疎通が取れるようで楽しい。

「尖った世界観を持ちながら、お客さんを置いてけぼりにはせず、ほんわかした店を作りたいと思っていて。ただそのために日々やることは変わりません。本を売るのではなく『手渡す』ということ。本づくりに関わる人たちの思いが、立体的になるのが書店。本というバトンに思いをのせて手渡していきたいですね」

間口は広く、奥行きは際限なく。そんなBOOKSルーエの存在が、吉祥寺のまちのイメージとしっくり重なって思えた。

知名度に関係なく良本にスポットを当てるフェア・棚づくりを手がける名書店員。作家からの信頼も厚い。

BOOKSルーエ

9:00～22:30／元日休／武蔵野市吉祥寺本町1-14-3／JR中央線・京王井の頭線吉祥寺駅徒歩2分／0422-22-5677／www.books-ruhe.co.jp/index.htm

People 4

今野真

水中書店 店主

「本に囲まれて仕事をしたい」と、西荻窪にある古書店・音羽館で2年半の修業の後、2014年に水中書店をオープン。

Q. 三鷹駅北口エリアの特徴は？

A. いい意味で中央線カルチャーの
「隙間」かな。

店の場所は、三鷹駅北口。オフィスと住宅が混在する環境のため当初は「商業向きではない」と忠告されることもあったそうだ。「でも三鷹駅北口の雰囲気が、自分に合っていると感じたんです。中央線カルチャーとも違う、ゆったりとした雰囲気があって」と今野さん。お客さんで特に多いのは近隣に住む子育て世代。その結果、思いがけず絵本棚が充実したそうだ。まさしく暮らしに寄り添う古書店。また今野さんが好きな、詩や俳句といったカテゴリーの書籍が充実しているのも大きな特徴。希少な本を求めて、あるいは今野さんとの談義を目当てに遠方から訪れる人もいるという。「修業時代に言われたのは、書店はそのまちにとって必然性がないといけないということ。ここもまちに住む人たちの暮らしの一部になれたらと思います」店内には、子どもと一緒に本を選ぶ人や詩の棚をじっと眺める初老の人。本のある暮らしを楽しむ人たちにとって、ここはなくてはならない存在のようだ。

水中書店

11:00～21:00／火休／武蔵野市中町1-23-14-102／JR中央線三鷹駅徒歩5分／0422-27-7783／suichushoten.com/

1 オフィス内にある書棚には島田さんが大事にする本たちが並んでいる。2 尊敬する夏目漱石の写真が片隅に。3 本の個性が丁寧な本づくりの証となっている。

Q. 最近感じた、まちの変化は？

A. バウスシアターがラウンドワンに。あれは衝撃的でした。

島田潤一郎さんが「何度も読み返される本」を丁寧につくり続けて、今年で9年目。その間、ずっと吉祥寺に事務所を構えてきた。まちのことを聞いて島田さんが一番初めに言ったのは「常にまちが変化している」ということ。どんな店がなくなり、どんな店ができるのか。島田さんは駅から事務所までの通勤時、変化の渦中にある、まちの風に当たることを日課にしているそうだ。「自分が普段関わらないような人たちに本を届けるためには、自分のつくりたいものと、読者に広く受け入れられるもの、のバランスを取らないといけない。老若男女が行き交う『万人うけする吉祥寺』の変化を感じることが、大事なんです」とはいえ、変わらないまちの側面も確かにある。「ちょっとした街角に個性のある店があるところが好きですね。吉祥寺は『出かけるまち』だけど、一方でこのまちが好きで、住み続ける人たちも確かにいるんですよ。それはやっぱり文化人が好きになる理由が残っているからだと思います」変わるものと、変わらないものを見つめる。それはまさしく島田さんの本づくりだ。時を経ても変わらない価値を、かたちを変えて伝えていく。夏葉社の本は、読者を選ばない。それができる秘訣が、まちを見つめることにある。

People
5

夏葉社　代表
島田潤一郎

2009年から吉祥寺に事務所を構え一人出版社を営む。復刊本や書き下ろし本など、古今さまざまな著者と丁寧に向き合う本をつくり続けている。

夏葉社

武蔵野市吉祥寺北町1-5-10-106／0422-20-0480／
natsuhasha.com/

01

路地を走って暮らしをつなぐ、「ムーバス」

文／湯田聡

1 自家焙煎珈琲が飲めるアンダンテ、店主の小谷野さん。 2 関前公園のとんぼ池。 3 ムーバス専用回数券、100円券11枚つづりで1000円。

のんびりムーバス武蔵野巡り

「ムーバス」は武蔵野市のコミュニティバスです。1995年に吉祥寺東循環の運行を開始、その成功が全国から注目され、コミュニティバスの元祖と言われるようになりました。市はその後、順次路線を新設。現在は7路線8系統が運行され、関東バスと小田急バスが路線を分担し運行しています。ムーバスは車体が小さく、住宅街の中を走ります。運賃は大人も子どもも100円です。今回はその中から、関東バスが担当する「三鷹駅北西循環」に乗ってみました。

この路線は24停留所のうち7停留所が公園名、緑豊かな武蔵野市を象徴するような路線です。まず「関前公園」で下車、この公園は1994年に開園、かつて存在した国鉄武蔵野球技場線の廃線跡を整備したグリーンパーク遊歩道の中間にあります。とんぼ池やジャブジャブ池など水と緑の豊かな公園です。公園を散策後、再びムーバスに乗り「三谷通り・西久保保育園前」停留所へ。庶民的な三谷通り商店街を探索しました。「三谷」はこの付近の旧地名です。歩いた後は、商店街にある自家焙煎珈琲アンダンテでひと休み。店主の小谷野博さんが淹れてくれたおいしい珈琲を味わいながら、くつろぎのひとときを過ごしました。

自家焙煎珈琲 andante（アンダンテ）
8:00〜20:00／木休／武蔵野市西久保2-18-3／JR中央線三鷹駅徒歩15分／0422-37-1612

協力・関東バス株式会社

02

「シェア」からはじまる、新しいビジネス

文／熊崎正樹

2017年3月27日に武蔵境にオープンした、新しいシェアキッチン。どのような人が集まり、どのように利用されているのかを聞いてきました。

1 darumare（ダルマーレ）の加藤さん。いずれ自分のお店を持ちたいとも話してくれました。 2 本日はいろいろな洋菓子が。他にもパンやおにぎりなどのお店があります。 3 その名の通り、8人のメンバーが日替わりで出店します。

8人の個性を日替わりでどうぞ

シェアキッチン「8K MUSASHISAKAI」は、お店をやってみたいけれど、設備投資や営業許可などがハードルとなって一歩踏み出せない方に向けて、月額27,000円で月30時間、自分のお店を運営できる場所です（定員は8名）。

8Ｋを運営するタウンキッチンの國廣さんに伺うと「早い段階で満員になり、お店をはじめたい、工房として使いたいといった方が集まりました」とのこと。今でも問い合わせが多く、ニーズの多さを感じているそうです。

現在メンバーは全員女性。パティシエやパン屋で働いていた方もいれば、お菓子づくりの趣味が高じた方もいて、その経歴はさまざま。以前はパティシエとして働いていたdarumareの加藤さんに「元の職場に戻らなかった理由は？」と聞くと「今の環境の方が自分のやりたいことができると思ったから」とのこと。自由にできるメリットを生かし、デパートやカフェなどにも販路を開拓されているようです。

また「子どもに働く姿を見てもらえるし、時には手伝ってもらうこともあるんです」と嬉しそうに話していました。８Ｋではメンバー全員が集まる勉強会があり、地域のイベントや売り上げを上げるための情報交換などもされているそうです。刺激し合える仲間の存在も８Ｋの魅力なのかもしれません。

8K（ハチケー） MUSASHISAKAI
武蔵野市境南町3-25-12野口ストア／JR中央線武蔵境駅徒歩10分／8k-sharekitchen.com

起業を支援 in Musashino city

StartUp Cafe 武蔵境

就業・企業を支援するコワーキングカフェ。毎週水・土・日にはワークショップ・講座用スペースに。「楽しい遊び」を提供するワークショップも多数開催。水曜を除く平日はカフェとしても利用可能です。

【カフェ利用】11:00〜17:00／土日祝休／武蔵野市境2-10-1 2F／JR中央線・西武多摩川線武蔵境駅徒歩1分／070-4436-5071／startupcafe-tokyo.com

i-dream吉祥寺

吉祥寺の中道通り商店街にある、起業家支援サロン。レッスンやワークショップ、料理教室ができる貸しスペースを完備。起業相談やセミナー・交流会の開催もあり、幅広く起業をサポートしてくれます。

9:30〜18:00／無休／武蔵野市吉祥寺本町2-12-5スプリングハウスビル2F／JR中央線・京王井の頭線吉祥寺駅徒歩4分／0422-27-2323／www.i-dreamkichi.com

03

市役所内の市民食堂「さくらごはん」

文／中村勇太

おすすめランチ

庄内豚のチャーシュー小鉢２品付(980円)

庄内豚のチャーシュー

友好都市・山形県酒田市がある庄内地域のブランド豚。肉厚でやわらかい。

選べる小鉢①

ほうれん草の和え物。

選べる小鉢②

さつまいもとかぼちゃのサラダ。

白米

羽釜で炊いており、ふっくら。歯ごたえもしっかりあります。

味噌汁

出汁がきいた、ほっとする味。

他にも友好都市の食材を使ったメニューがたくさんあります。水・木曜限定・千葉県南房総市の岩井富浦漁港から直送される「刺身(980円)」もおすすめです。

▶ 武蔵野市の友好都市

①富山県南砺市　②長野県安曇野市　③長野県川上村
④千葉県南房総市　⑤岩手県遠野市　⑥新潟県長岡市
⑦広島県大崎上島町　⑧山形県酒田市　⑨鳥取県岩美町

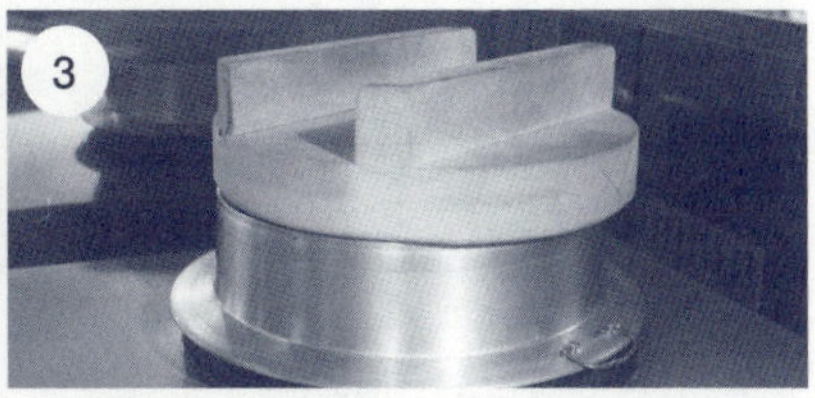

1 抜群の眺望も大きな魅力。晴れた日には、よみうりランドも見えます。２店内では友好都市の特産物の販売も。３厨房の入り口には、米を炊く大きな羽釜があります。

「ついで」から「あえて」行きたい食堂に

あなたは、役所の中の食堂を利用したことがありますか。利用したことがある方も、ない方も、「ついでに」行く場所というイメージがあるのではないでしょうか。

そんな役所の食堂のイメージを大きく変えるのが、武蔵野市役所８階にある「さくらごはん」です。毎朝自家精米し、羽釜で炊いたご飯、さらにご飯が進むのが、武蔵野市の友好都市の素材を生かしたおかずです。全国に９つある武蔵野市の友好都市は、北は岩手県遠野市から南は鳥取県岩美町まであり、どの地域も豊かな自然、多彩な食材に恵まれています。そんな各地から厳選して集めた山・川・海の幸は絶品です。また嬉しいのが、30種類程度ある小鉢から2品を選ぶことができるサービス。武蔵野市産の野菜などを使ったものが多く、旬の物、和え物、炒め物、デザートなどを楽しむことができます。

平成26年（２０１４）春にオープンして以来、市役所を訪れた多くの市民が、こだわりのつまった料理を堪能し、現在では「さくらごはん」を目的に市役所に訪れるリピーターも多いそうです。「ついでに」に行く場所ではなく、「あえて」行きたい場所になっている「さくらごはん」で、あなたもこだわりに触れてみませんか。

さくらごはん

11:00〜15:00／土日祝祭日休／武蔵野市緑町2-2-28 8F／JR中央線三鷹駅徒歩25分またはバスで「武蔵野市役所前」下車／0422-56-8191

04

武蔵野パンめぐり

文／奥野依理子、打木佐代子、猪股佑貴、島田美里

武蔵野市内には、こだわりを持ったパン屋がたくさん。市民ライターおすすめのパン屋を一挙ご紹介！

住宅街にある隠れ家パン屋

ここね

絵本に出てくるようなかわいらしい建物と、温かさあふれる看板とディスプレイが出迎えてくれます。店内には「楽しみながら、おいしいパンを作りたい」と言う、笑顔が素敵なパン職人のお二人が。素材本来の味や香りを大切にしたいと添加物は使わず、すべて手作り。「作りたいパンを毎回すべては作れないから」と生まれた日替わりパンやひと工夫されたスタンプカードにお二人の「楽しむ」気持ちが感じられます。想いをこめて作られたパンはどれもおいしく、ほっこりした気持ちに。「おいしかった、此処ね（ここね）」と言いたくなるここねさん、おすすめです。

11:00～19:00／日月水木休／武蔵野市中町2-24-11／JR中央線三鷹駅徒歩12分／080-5693-5524／kokone.capoo.jp/index.html

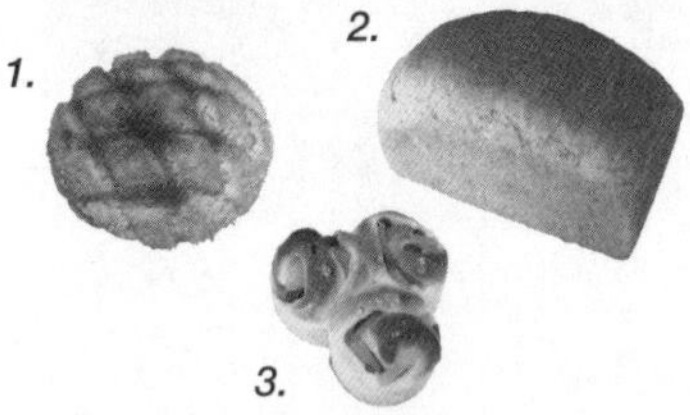

1. メロンパン 150円
2. グラハム 430円
3. アップルレーズン 310円

体にやさしい米粉パン

こめひろ

「こめひろ」は、パン職人である店長の浅岡庸大さんご自身が小麦粉アレルギーになったのをきっかけに始めたお店。小麦粉、小麦粉グルテンを使わない、グルテンフリー米粉100％のパンを製造販売しています。厳選した食材を使い、アレルギー表示も一目瞭然。アレルギーのあるお子さんが、パンを選ぶのが楽しいと笑顔になるのが嬉しかったと話す女性店員の方の優しさが、お店の温かさを物語っています。アレルギーではない人も、もっちりした食感の米粉パンを是非！

9:00～17:30／月火休／武蔵野市境2-3-18／JR中央線・西武多摩川線武蔵境駅徒歩7分／0422-77-6616／https://www.comehiro.com/

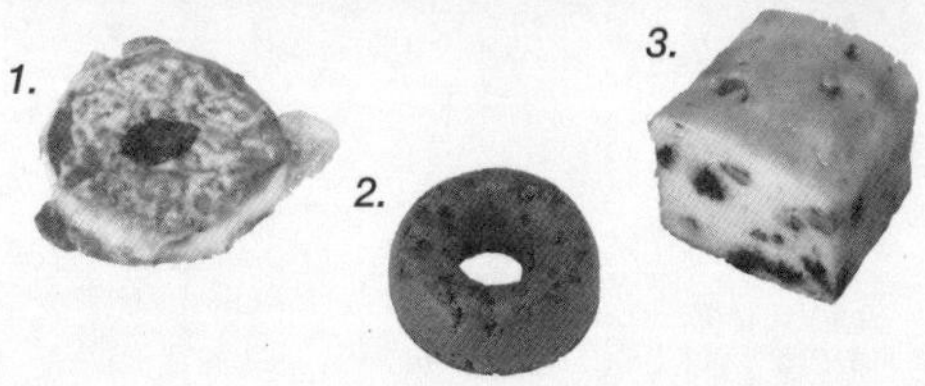

1. マルゲリータ 190円
2. 焼きココアドーナツ（チョコチップ） 145円
3. クランベリーパン
ハーフ175円／ロング330円

市民自慢の街角パン屋

ベーカリー・カフェ・クラウン 武蔵境店

香ばしい匂いに包まれた店内。店長である三木玲さんを筆頭にした常に笑顔を心掛ける接客が、優しい雰囲気を作ります。売り場のすぐ横、来店者から見える場所でパンを焼きあげており、そこから焼きたてのパンが陳列されていきます。パンが焼きあがった際には、手元のパンを焼きたてのものと交換してくれることも。2階にはイートインスペースも完備されているので、焼きたてをすぐに食べることもできます。数ある定番商品の中でも、特にオススメなのが「とろっとジューシーカレーパン」。カレーパングランプリ2017の東日本揚げカレーパン部門で金賞に選出され、その美味しさはお墨付き。他にも、従業員それぞれが案を出し合った期間限定パン、季節や雨の日限定パンなど個性豊かな商品が並んでおり、来店者の心を鷲掴みにします。「お客さんにまた足を運んで欲しい」そんな思いを込めながら、手間暇かけて今日もパンを焼き続けています。

月～金9:00～19:30、土日9:00～19:00／無休／武蔵野市境2-15-1／JR中央線・西武多摩川線武蔵境駅徒歩2分／0422-59-0165／crown-bakery.co.jp/

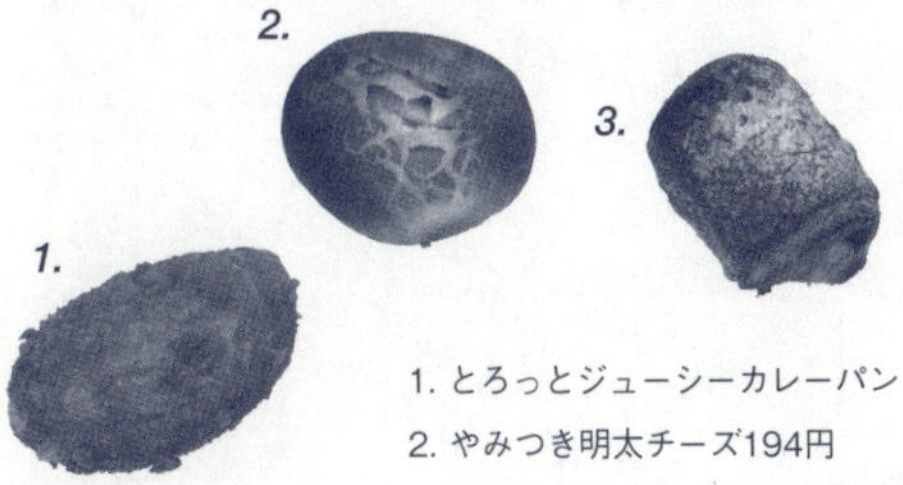

1. とろっとジューシーカレーパン 165円
2. やみつき明太チーズ194円
3. ショコラクロワッサン 194円

こだわりのベーグルを身近に

HOT BAGELS

住宅が立ち並ぶところにベーグル専門店「HOT BAGELS」はあります。ベーグルはすべて店内で作られ、一日で約34種類のベーグルが並びます。パリッとした食感が特徴のニューヨークベーグルと、日本人の好みに合わせもちもちした食感が特徴の和ベーグルの2種類。この味を求めて老若男女が近所から、また近隣イベントなどに出店することで知名度が上がり、今では他県から車でお客さんが来るほど人気となりました。おすすめの商品はニューヨークベーグルのエブリシング。半分にカットしてトースターで少し焼き、ジャムやクリームチーズを挟んで食べるのがオススメです。出店してからまだ約４年と比較的新しい店ではあるものの、大盛況な「HOT BAGELS」。店長の大島敦子さんは、自分で作ったベーグルを美味しいと言ってお客さんに食べてもらえることにやりがいを感じ、今日もベーグルを焼き続けています。皆さんもぜひおいしいベーグルを食べてみてはいかがでしょうか。

10:00～17:00／月火日休／武蔵野市桜堤2-3-12チェリービュウハイツビル102／JR中央線・西武多摩川線武蔵境駅からバスで「四一番通り」下車すぐ／0422-38-9223

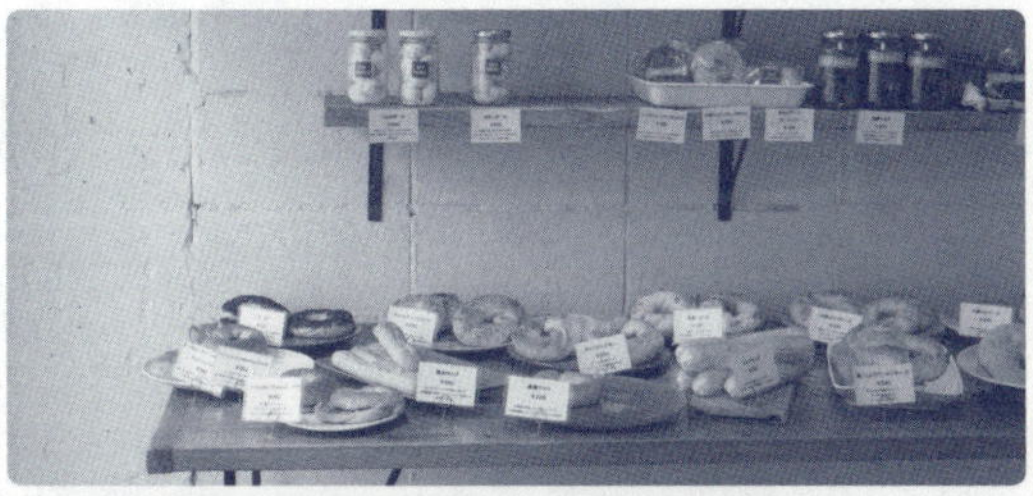

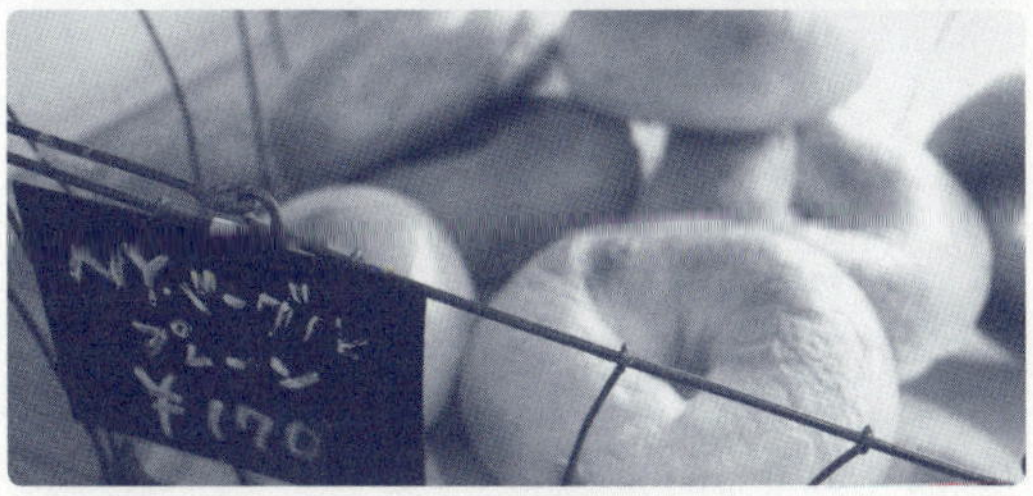

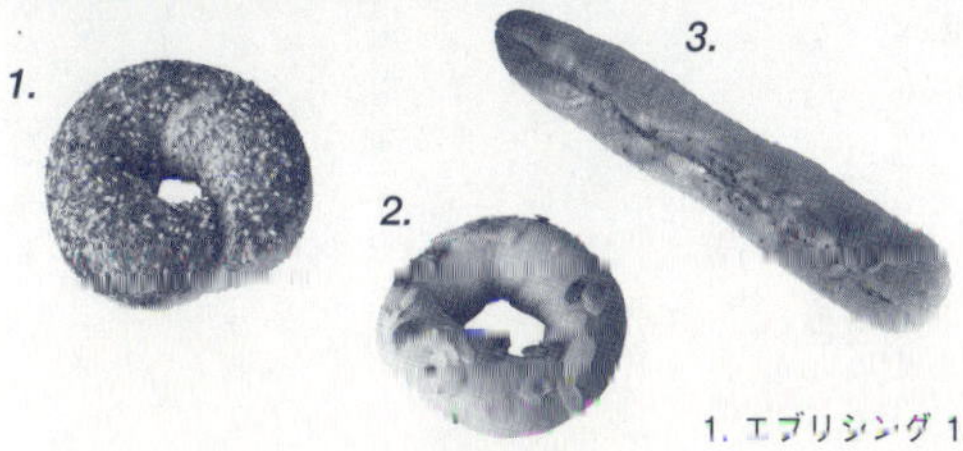

1. エブリシング 100円
2. 豆乳ショコラ 240円
3. 明太ロング 240円

05

電気通信の集大成「NTT技術史料館」

文／鈴木幹雄

数々の自動交換機を展示。交換手を介さず自動で電話をつなぐ技術の系譜も。

1970年の大阪万博で展示されたワイヤレステレホン。

NTTのコンピュータ開発の原点である計算機MUSASINO-1B。

技術と創意の源泉

武蔵野市の北部にＮＴＴ技術史料館が誕生したのは２０００年、ＮＴＴの研究施設である武蔵野研究開発センタの敷地内に造られました。

武蔵野での研究開発は、各地に分散していた電気通信省の電気通信研究所が旧中島飛行機武蔵工場跡の一角に集約され１９５０年にスタートしました。他国の技術を輸入するだけでなく、日本の電気通信技術を自主開発していこうという意気込みが、創設時の「知の泉を汲んで研究し実用化により世に恵を具体的に提供しよう」というモットーにも表れています。

開設当時、自動交換機やダイヤル式電話機が導入されつつありましたが、市外通話など交換手の取り次ぎもありました。その後、自動交換などの研究開発が進み、１９７９年には全国へ自動ですぐつながる電話が完了します。さらに電話機や通信手段は、プッシュホン、自動車電話、携帯電話、スマートフォンへと変わってきました。

その技術の進展を支えてきたのが、電電公社、ＮＴＴの研究者たち。並んだ展示物の中には１９５７年に日本独自のパラメトロン素子を使って作られたMUSASINO-1Bというコンピュータも。その後の日本のコンピュータ開発はメーカーが主体となりましたが、その源流が武蔵野市にあったのです。

NTT技術史料館

平日10:00〜17:00(要予約)／木･金13:00〜17:00は一般公開のため予約不要／武蔵野市緑町3-9-11／JR中央線三鷹駅からバス10〜15分、西武新宿線東伏見駅徒歩15分／0422-59-3311(NTT情報ネットワーク総合研究所)／www.hct.ecl.ntt.co.jp　※イベント等で開館していない場合もあるため、要HP確認

06

卓球おじさんと私

文／保坂三仁

10月のある日曜日のことでした。私は武蔵野市の西久保コミュニティセンターで友人と卓球をしていました。通称西久保コミセン、市民の誰もが自由に利用できる多目的施設であるここは、文化活動や会議などさまざまな用途で市民が活用しています。

　私と友人とのラリーに熱が入ってきたあたりでしょうか。我々の隣の卓球台におじさん二人組がやってきて、ラリーを始めました。横目でちらりと見えましたが、二人ともかなりの上級者のようです。私たちはラリーを一息ついて、少し休憩をとることにしました。私はトイレに行くため卓球台を離れました。

　しばらくして私がトイレから戻ってくると、なんと友人はその見知らぬおじさんの一人と卓球をしているではありませんか。コンカコンカと軽快に鳴るラリーの音に呆然とする私。さらには、もう一人のおじさんが私の後ろにスッと立ち、「一緒に打ちましょか」と誘ってきました。思いがけない展開、しかし気がつけばその後の約二時間、仲良く四人で交互に卓球の練習をしていました。おじさん二人からアドバイスをいただきながら、とても新鮮で気持ちの良い汗をかくことができたのです。

　練習を切り上げた後、二人から「藍屋（西久保のレストラン）のハッピーアワーで飲もうか！」と誘っていただきました。せっかくなのでご一緒して藍屋に入るも今日は日曜、平日限定のハッピーアワーはやっていませんでした。頭を抱えて悔しがるおじさんたち、とはいえ喉もカラカラです。結局そのまま入店し、四人でビールを飲みながら、卓球やら、仕事のことやら、身の上話やら、会話に花を咲かせました。

　コミュニティセンターでただ友人と二人で卓球をやるはずだった時間が、見知らぬ地域の人と仲良くなれるチャンスになるとは。このまちが、また少し好きになった一日でした。

西久保コミュニティセンター

9:30〜21:30／第三月曜休・年末年始休／武蔵野市西久保1-23-7／
JR中央線三鷹駅徒歩7分／0422-54-8990／利用は要予約

おやつの時間 20

絵と文：YUZUKO

「aoi」の商品に出会ったのは、とある百貨店の催事でのこと。野菜たっぷりのカラフルな断面にひきつけられて、キッシュを購入したことがきっかけでした。あの味をまた食べたくて、今回は実店舗へ。そこは吉祥寺駅・三鷹駅から歩いて約20分ほど、成蹊大学の近所にあります。店名に「お菓子とパンと吉祥寺キッシュ」とついているとおり、お店に並ぶすべてが看板商品。お昼頃を目指してお店に行き、ランチとデザートをセットで買って、大満足な午後が過ごせました。

吉祥寺キッシュ 389円

この日は
ほうれんそう、ドライトマト
ベーコン入り！

まろやかでクリーミーなキッシュは
新しいおいしさなのにどこか懐かしい。
まるで洋風の茶碗蒸しのよう。
パイ生地はさくっと軽くてひかえめ。
ちょっとあたためるとバターの香りが引き立ち
よりぜいたくな味わいになります。

店名は
「aoi」ですが
オレンジの
看板が目印

豆乳ドーナツ 140円

きめ細やかな粉砂糖をまとった
握りこぶしのような形のドーナツ。
ほのかな豆乳の風味が
あとから追いかけるように
ふわりと口に広がります。
ボリューミーなのに
もたれないところも魅力です。

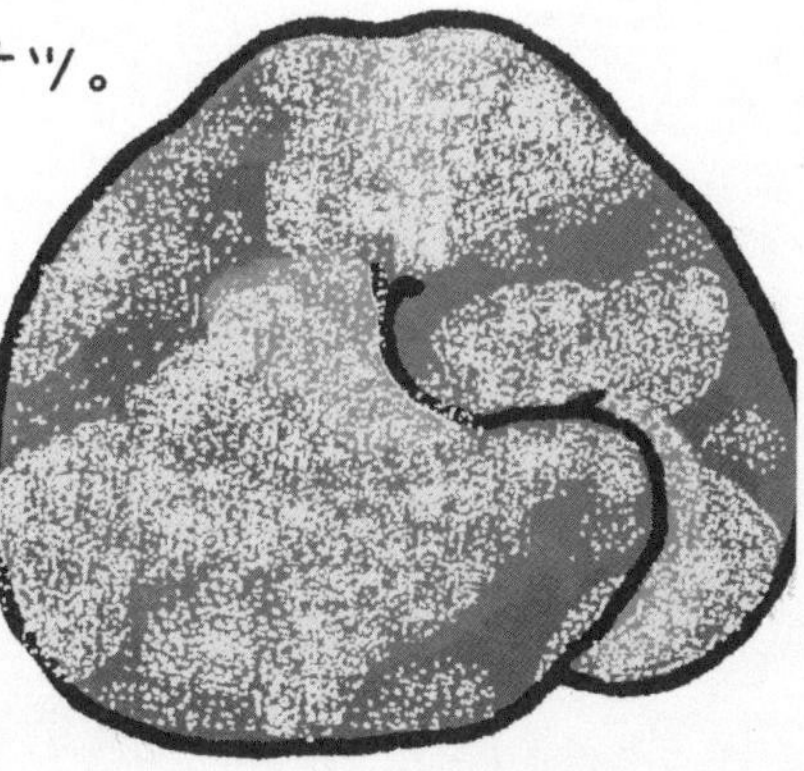

aoi お菓子とパンと吉祥寺キッシュ
武蔵野市吉祥寺北町3-5-15
0422-37-0625
open 10:00 close 18:00
火曜休（催事での臨時休業あり）

YUZUKO　イラストレーター。『赤青えんぴつイラストBOOK』『てがみ教室』など本も作っています。三大趣味は散歩と甘いもの、野球観戦。

たまには多摩の喫茶店
その20
喫茶店？定食屋さん？それとも…
カヤシマ
（武蔵野市吉祥寺本町）
「喫茶店でランチでも」と思い、やってきたのは、このお店
店頭に出されたランチメニュー
定食屋さん？と思うくらい充実してます
Lunch Menu
日替り弁当940円
・マーボーナス
・カブとトマトのマリネ
・スパゲティサラダ
ポークジンジャー弁当910
ハンバーグ弁当 910
肉野菜炒め弁当910
とんかつ弁当980
カレーライス
ナポリタン
ピラフ
ドライカレー 880
オムライス
カレースパゲティ
和風スパゲティ 910
オムカレー
カツ丼
カツカレー 980
ハンバーグカレー
かつ丼も！
たくさんあるメニューから
ポークジンジャー弁当を注文（910円）
（みそ汁とドリンク付き）
豆腐とあげのみそ汁
ホットコーヒー（単品は360円）
スパゲティサラダ
炒めないでつくるポークジンジャーおいしかったです
ご飯の大盛り、やや盛りはサービス
副菜（切り干し大根 ワカメとシラスの和えもの 玉子焼き など
別の日に食べた
オムライス（910円）
みそ汁、サラダ、ドリンク付き
長年、厨房で働いていた方が亡くなられたそうで、その方のギターがお店を見守るようにおかれていました
裏にはエレカシ宮本氏のサインが
壁一面に貼られた酒のお品書き
一杯やりながらのランチも可能
ランチメニューは18時までオーダーできます それ以降は飲みタイム
昼間も飲めるけど…
カヤシマ
武蔵野市吉祥寺本町1-10-9
☎0422-21-6461
営11:00~24:00（L.O.23:30）
（ランチは11:00~18:00）
休 年末年始
取材とイラスト・溝口イタル

地名が語るまちの変遷 ⑳

武蔵野

ひっそり消えた武蔵境の小字

文／今尾恵介

人気のある町として名高いためか、世間では「武蔵野市イコール吉祥寺」と思われているフシもあるが、その前身の武蔵野村は明治22年（1889）に吉祥寺村の他に境・関前《せきまえ》・西窪《にしくぼ》の3村と井口新田《いぐちしんでん》の飛地（その本体は三鷹村へ）が合併して誕生した。広大な武蔵野の名をこの小さな村が独占した形だが、こればかりは「早い者勝ち」なので仕方がない。

武蔵野市域で最も古い駅は吉祥寺駅（明治32年開業）ではなく、その10年前に中央線の前身の甲武鉄道が開通した時に設置された境駅である。当初は東隣の駅が11キロも先の中野、西隣は6キロ弱の国分寺とだいぶ離れていた。当初は「武蔵」を冠していなかったが、全国を見渡せば3か所の境駅があって紛らわしいので、大正8年（1919）にそれぞれ羽後境（秋田県・奥羽線）、武蔵境（東京府・中央線）、境港（鳥取県・境線）と改称して区別している。ちょうど鉄道貨物の流通量が激増していた時代のことだ。

境の地名の由来は「松平出羽守の御用意屋敷を預かっていた家臣の境本絺馬大夫の苗字にちなむ」という説があるが、はっきりしない。そもそも境といえば国界から小字の境界まで各地に満ちているから特定は難しそうだ。明治の地租改正を機に整理された旧境村には本村《ほんむら》、南本村、北本村、水吐《みずはき》、寺前、寺南、山野、上水《じょうすい》南、山中、山中南、西原、上水端《ばた》、上水北という13の小字《こあざ》が存在したが、玉川上水が村の北部を通過していることもあって上水の付く地名が目立つ。当時の武蔵野台地には雑木林や畑が広がって人家の稀なエリアは珍しくなかったため、地租改正時には道で区切って適当に東西南北を付けただけの小字もあり、上水北・南・端などもその類だろう。

この中で水吐という小字は印象的だが、ちょうど品川用水が玉川上水から分水される所なので、これに関連すると思われる。下の地形図で見れば「水吐」の字の左上側にその分水箇所がある。周知の通り玉川上水は江戸時代から桜の名所として知られていたが、大正13年（1924）の観桜期に武蔵小金井仮停車場が設置されるまでは、お花見の人波は武蔵境駅から境橋へ通じる道をたどったという。線路の北側は現在あらかた「境○丁目」になっているが、図にも見える山中と西原の小字は、実は中央線の山中踏切と西原踏切の名前として長らく残っていた。平成22年（2010）の高架化であっさり消えてしまったのは、地名愛好者としては寂しいものがある。

まだ「武蔵」がなかった頃の武蔵境駅。北端を斜めに流れているのが玉川上水、その南側で品川用水（細い波線）を分水する地点にちなむと思われる小字「水吐」の地名が見える。中央線の北側に見える山中と西原、南側の本村、寺南はいずれも今はなき小字の地名。

1:25,000「田無」大正6年測図

今尾恵介《いまおけいすけ》

1959年横浜生まれ。日野市在住。少年期より地形図を眺めて暮らし、地図や鉄道にまつわる本を執筆。著書は『地図の遊び方』（ちくま文庫）、『地図入門』（講談社選書メチエ）など多数。2015年4月に『地図でたどる多摩の街道―30市町村をつなぐ道』（けやき出版）を出版。（一財）日本地図センター客員研究員。『地図マニア 空想の旅』で斎藤茂太賞を受賞。

データで見る

武蔵野市
Musashino City

市名の由来

市制施行以前にあった「武蔵野町」に由来する。

市章

カタカナの「ムサシノ」をかたどったもの。

位置/Position ※武蔵野市役所

東経 139 度 34 分・北緯 35 度 42 分

海抜/Above sea level

50m～65m

市内の多くを武蔵野台地が占めるが、総体的に平らな地形。

市制施行/Municipal organization enforcement

昭和 22 年

東京都で八王子市、立川市に次ぐ３番目の市として誕生した。

人口/Population

145,016 人

面積/Area

10.98㎢

人口密度/Population density

約 13,207 人/㎢

世帯数/The number of households

76,052 世帯

市制施行後、特別区に隣接する郊外住宅都市として、都営住宅や公団住宅を積極的に誘致。高度経済成長期には急速に都市化が進んだ。

友好都市/Friendship cities

岩手県遠野市
山形県酒田市
新潟県長岡市
千葉県南房総市
長野県川上村・安曇野市
富山県南砺市
鳥取県岩美町
広島県大崎上島町

特産・名産/Local foods

うど
武蔵野地粉うどん
武蔵野とんがらし

市の木/Official city tree

コブシ、ケヤキ、ハナミズキ

舞台となった作品/Stories took place in the city

GTO
漫画／著・藤沢とおる、発行・講談社

吉祥寺キャットウォーク
漫画／著・いしかわじゅん、発行・エンターブレイン

TOKYO TRIBE2
漫画／著・井上三太、発行・祥伝社

グーグーだって猫である
漫画／著・大島弓子、発行・角川グループパブリッシング

ろくでなし BLUES
漫画／著・森田まさのり、発行・集英社

火花
小説／著・又吉直樹、発行・文藝春秋

主な出身著名人/Famous people from Musashino city

楳図かずお（漫画家）
1936-／市内に「まことちゃんハウス」と呼ばれる自宅がある。赤と白のボーダーがトレードマーク。

宮藤官九郎（脚本家、俳優）
1970-／市内在住。『あまちゃん』や『土竜の唄』シリーズなどテレビドラマや映画の脚本を数多く手がける。

野口雨情（童謡詩人）
1882-1945／42歳から武蔵野市吉祥寺の自宅「童心居」に住んでいた。

水島新司（漫画家）
1939-／市内在住。『ドカベン』をはじめとする野球漫画の第一人者。

原哲夫（漫画家）
1961-／市内在住。『北斗の拳』の作者。市内にある(株)ノース・スターズ・ピクチャーズのディレクターも務める。

＊2017年11月現在編集部調べ

Bottle keep in the City

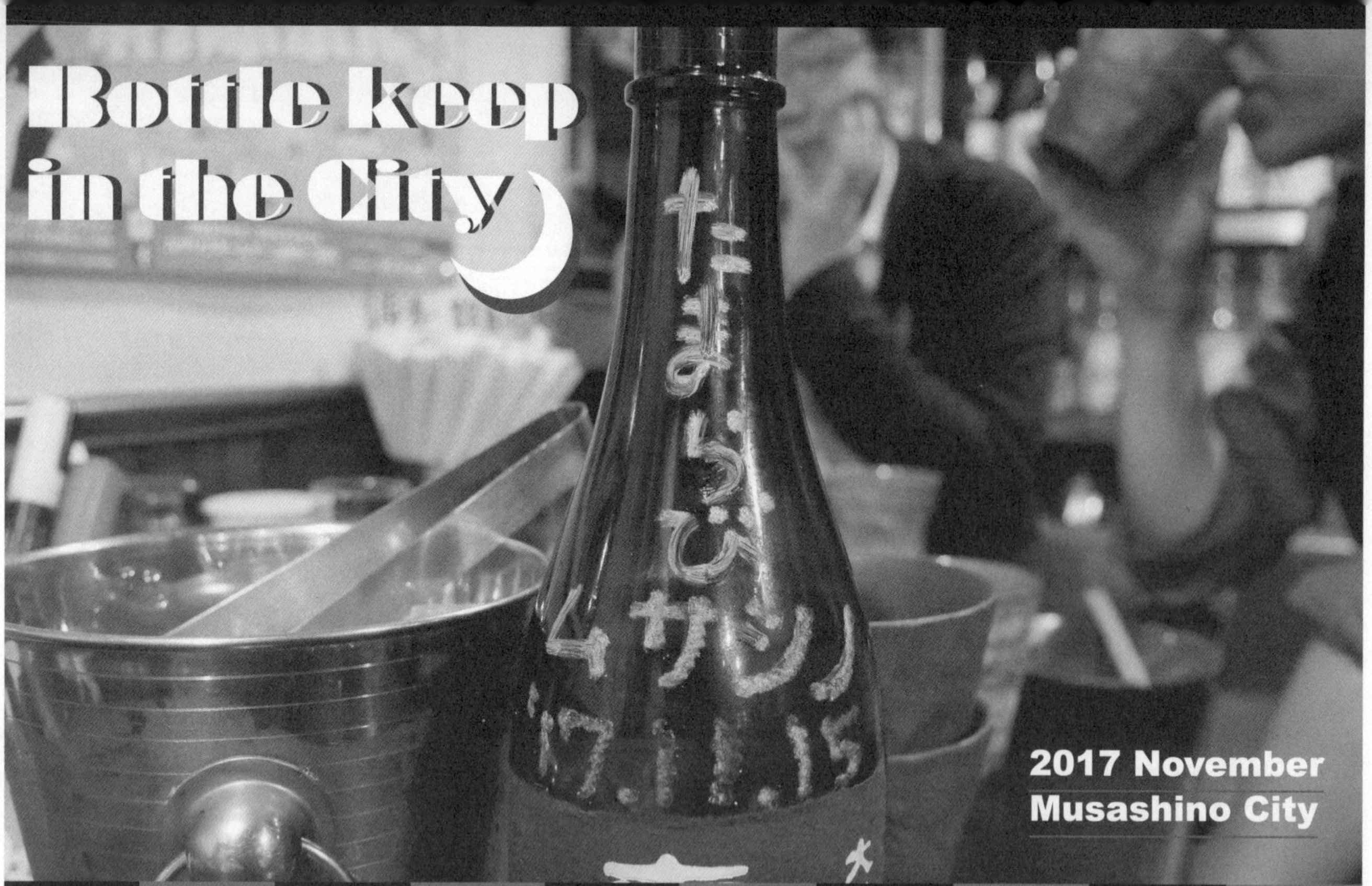

思い立った時にふらりと入れるお店があるのはいいことだ。「行きつけ」があるまちはぐっと愛着が湧くし、居場所が増えるようでちょっと嬉しい。ということで多摩の30市町村それぞれのまちに「行きつけ」をつくろうというこの企画。初回後、じわりと反響もあり、無事に第2回を迎えることができた。

今回のお店は武蔵野市の「武蔵野トサカ食堂」。ご主人が丁寧に焼く串焼きが旨い店。そしてひょんなお誘いに快く参加してくれたのは、たまら・び地域ディレクターの萩原修さん。武蔵境エリア在住の建築家・黒岩哲彦さん。杉並区民でも多摩エリアにはちょくちょく来るという、中川馨さん。

11月某日の20時。早々とボトルキープをした焼酎を酌み交わしながら、まちのことを語りはじめる。

◆◆ 武蔵境はどんなまち

編集部「お集まりいただきありがとうございます。それぞれのまちでボトルキープをするという企画です！」

中川さん「面白いですね」

黒岩さん「いいじゃないですか。で、何を話せばいいのかな」

萩原さん「武蔵野市や武蔵境について、ざっくばらんに。最近の変化についてはどう思いますか？ 武蔵境駅の高架化とか武蔵野プレイスができたこととか」

中川さん「武蔵境に来たのは、実は3回目くらいなんですが…武蔵野プレイスの印象は強いですね」

黒岩さん「武蔵野プレイスは別格だよね。輝いてる」

萩原さん「黒岩さんは、事務所が武蔵境ですよね」

黒岩さん「住所は三鷹だけどね。武蔵境南口は保守的かな。現状で満足しちゃっている感じ。でもちょっと前までは職人のまちだった。建築関係の職人たちがたくさんいてさ。その名残が今もある」

編集部「名残、というと？」

黒岩さん「例えば『長野屋』という焼き鳥屋。ストイックな店主がいてね。職人さんたちがよく通う店だったんだよ。そういう、他と関係なく光っている店がまだポツリポツリある。社会で評判の高い店だけが美味しいとは限らないってこと。武蔵境で、そういう価値観が残ると良いね」

萩原さん「学生や外国人はどうですか。いるはずなのに、彼らがまちに与えている影響が見えにくい気がしていて」

黒岩さん「学生が通う地味でも面白い店はいくつかあるよ。例えばICUの学生が通っているのは『食堂た[illegible]』。派手ではないけど、まちとのつながりがしっかりある。武蔵境ってそういう質感があるんだよね」

◆◆ まちづくりってなんだ

萩原さん「前に黒岩さんと話したとき、まちは『営み』だって言ってましたね」

黒岩さん「そうそう」

萩原さん「では『まちづくり』はどうなんでしょう。どうやったらまちの『営み』を変えられるのか…」

黒岩さん「営みは仕事。今はボランティアで地域に貢献するっていう流れがあるけど違うんじゃないかな。仕事を社会に役立てることが大事だと思うんだよね。まちにそういう人たちを増やさないと。だから若い人に会うと、僕はそう勧誘しちゃうんだよ」

編集部「そうなんですね(笑)」

黒岩さん「そう、(中川さんと編集部を見て)あなたたちね(笑)。そうやらないと、もう、間に合わないんだよ」

中川さん「間に合わない?」

黒岩さん「建具屋、大工、八百屋…全部なくなっていく。まちの『足腰』を守っていた仕事が減ってるんだよ。これからは、新しい『担い手』を増やしていかないと。お茶汲みでも、企画部でもなんでもいいけどね。『自分が担い手になるんだ』っていう、気概を持って欲しいね」

中川さん「仕事をしていて、右から左に流していく瞬間に陥ることが怖いなと感じます。本当はどんな仕事も何かを創造するものだと思うんです。今の仕事は物事を仲介する立場ですが、現場で何かを創ることをやってみたいです」

編集部「あるものではなく、ないものにフォーカスを当てたい。分かります」

◆◆ まちへの関わりかた

黒岩さん「僕はね、プロジェクトを進めるときにコミュニケーションはしない」

萩原さん「え、どういうことですか」

黒岩さん「細かいコミュニケーションは苦手だから、できる人に任せちゃう。僕は、大きなシナリオを書くだけ」

編集部「交渉は任せるんですね」

黒岩さん「そう。共感できる人たちでグループを作って進めていくスタイル。それはかたちの決まった組織とは違うね」

萩原さん「共感。そうですね。これまでは信頼関係をもとにした物事が多いけど、それだと柔軟性がなくなっちゃう気がする。信頼って、その人の人格に対するものだから。その点、共感はもっとゆるい。僕も共感する者同士のつながりで、何かつくりたいと思っています」

黒岩さん「共感って部分的。だからお互いに干渉しすぎない。ただし共感を抱いたことに関しては、やりきる責任感が大事。絶対に『仕方ない』って言っちゃダメ」

編集部「耳にする気がします…」

黒岩さん「絶対に言っちゃダメ。それは諦めていることだから。でもね、自分ができることは小さい。それを知っておくことは大事だよ。広いところじゃなく、地域の中でコツコツやっていけばいい。そうすれば案外なんでもできるんだよ」

中川さん「確かに、できることは自分の身近なところからですよね。自分の仕事を地域に再接続するというか。本当は身の周りのことなのに、知らず知らずのうちに大きくものを語ってしまう時があります。社会のために良いことをすることが一般的になると、他人の使命感をいつの間にか自分のものと勘違いすることがある気がします。そのあたりのズレに違和感があるんです」

編集部「使命感、ですか」

中川さん「使命感が大きくなって、『やらなければならないことをやる』存在になってしまったような」

黒岩さん「うん、的確な指摘だと思う」

萩原さん「それはアートとデザインの関係と似ているかも。一般的にはアートは自分事で、デザインは頼まれ仕事ってニュアンスがあるけど、個人的にはアーティスト寄りのデザイナーが好きで。それは、まちをデザインするって、他人事じゃつまんなくなっちゃうから。主体的に動かないといいものはできない。今の話で腑に落ちた気がします」

◆◆◆

夜も更け「宴もたけなわ」と口にする頃には、気づけばボトルは2本目に。萩原さん、黒岩さん、中川さん、ありがとうございました!

武蔵野トサカ食堂

17:00〜27:00／不定休／武蔵野市境1-12-4五宿ハイツ1F／JR中央線・西武多摩川線武蔵境駅徒歩3分／0422-55-2669

まちとつくる、まちの本

たまら・び企画会議

No. 98 - 武蔵野市 -

- けやき出版編集部より -

『たまら・び』は創刊から20年にわたり、多摩信用金庫のスタッフとけやき出版編集部、そして毎号特集する市町村のみなさんと意見を出し合いながら企画会議を行っています。地元民ならではの情報を出していただいた方、ライターとして参加していただいた方、誌面に登場していただいた方、さまざまな形でご協力をいただき完成を迎えました。この雑誌がきっかけでまちに新しい動き、つながり、発見が生まれますように。

たまら・び編集室in武蔵野のみなさん(50音順)

浅沼雅行	小田宏信	鈴木幹雄	藤田操
荒井たかし	川井伸夫	谷口辰幸	舟木公一郎
市川順子	熊崎正樹	永見薫	保坂美紀
猪股佑貴	見木久夫	中村勇太	保坂三仁
打木佐代子	小竹義徳	名知正登	松井信雄
大田勝昭	小林加代	林宏美	宮坂州代
奥野依理子	嶋恭之	久永和彦	森田雅幸
織田進	島田美里	平林千佳	湯田聡

企画会議は、市民の方はもちろん誰でも参加可能です。次号の特集する市町村および会議の日程などの情報は、けやき出版SNSをご確認ください。

facebook　たまら・び編集部
twitter　@keyaki_1981

バックナンバーのご案内

WEBでも販売しています！

けやき出版のHPで『たまら・び』の書籍注文が可能です（電子版の取り扱いもあり）。お住まいのまちの特集号や、気になるテーマの特集号など、気になる号をまとめてチェック。多摩地域の関連本も多数販売しています。

けやき出版　keyaki-s.co.jp

「たまら・び」が買える主な書店

昭島市　たまべ書房／八重洲ブックセンターイトーヨーカドー拝島店／BOOK EXPRESSディラ拝島店／くまざわ書店昭島店／NET21井上昭島店／伊藤書店／マルベリーフィールド／蔦屋書店昭島店

あきる野市　文教堂あきる野とうきゅう店／在原書店

稲城市　くまざわ書店稲城店／コーチャンフォー若葉台店

青梅市　ブックスタマ千ヶ瀬店／多摩書房／幸福書房／文教堂河辺とうきゅう店

清瀬市　飯田書店／ブックスいいだクレア店

国立市　増田書店／増田書店北口店／PAPER WALL nonowa国立店

小金井市　大洋堂書店緑町店／くまざわ書店IY武蔵小金井店／くまざわ書店小金井北口店／ブックスキャロット駅前店／かごや書店／蔦屋書店武蔵小金井店／法政大学生協小金井店／文教堂小金井店／文教堂武蔵小金井店

国分寺市　BOOKS隆文堂／三石堂本店／紀伊國屋書店国分寺店

小平市　まつみ書店／リブロ花小金井店／アシーネ小平店／文教堂小平店／オリオン書房小平店

狛江市　啓文堂書店狛江店

立川市　くまざわ書店けやき台店／錦堂谷書店／泰明堂／オリオン書房アレア店／オリオン書房柏町店／文昭堂／オリオン書房ルミネ立川店／オリオン書房サザン店／オリオン書房ノルテ店／ジュンク堂書店立川髙島屋店／PAPER WALLエキュート立川店／PAPER WALL立川エキナカWEST店

多摩市　くまざわ書店永山店／ACADEMIAくまざわ書店桜ヶ丘店／啓文堂書店永山店／蔦屋書店多摩永山店／啓文堂書店多摩センター店／丸善多摩センター店

調布市　神代書店／ひたちや書店／飛鳥書店つつじヶ丘店／くまざわ書店国領店／ブックスタマ西調布店／書原つつじヶ丘店／パルコブックセンター調布店／リブロ国領店／啓文堂書店仙川店／啓文堂書店つつじヶ丘店／ブックスとみざわ書店／調布ブックセンター／真光書店

西東京市　むつみ書店／リブロ田無店／宮脇書店田無店

八王子市　くまざわ書店みなみ野店／コーナンBOOKSぐりーんうぉーく多摩店／くまざわ書店八王子店／くまざわ書店西八王子店／くまざわ書店イトーヨーカドー八王子店／石森書店／くまざわ書店八王子南口店／ブックス望星東海大学八王子店／ブックスタマ八王子店／啓文堂書店高尾店／啓文堂書店南大沢店／文教堂京王八王子店／啓文堂書店北野店／蔦屋書店みなみ野店／真光書店堀之内店／有隣堂セレオ八王子店／ヤマダ電機テックランドNew八王子別所店

羽村市　ブックスタマ小作店／蔦屋書店羽村店／よむよむ羽村店

東久留米市　ブックセンター滝山／ブックセンターKOYAMA／ブックセンタークルネ店／未来屋書店東久留米店／野崎書林

東村山市　ブックスタマ東村山店／丸山書房／蔦屋書店東村山店

東大和市　くまざわ書店東大和店／ブックスタマ東大和店

日野市　黒田書店／くまざわ書店日野店／啓文堂書店高幡店／啓文堂書店豊田店

日の出町　未来屋書店日の出店

府中市　ライフ中河原店／啓文堂書店中河原店／啓文堂書店東府中店／啓文堂書店武蔵野台店／啓文堂書店府中店／TSUTAYA府中駅前店

福生市　ブックスタマ福生店／リブロ福生店／蔦屋書店福生店

町田市　小田急ブックメイツ玉川学園店／久美堂四丁目店／久美堂小田急店／久美堂本町田店／くまざわ書店町田根岸店／啓文堂書店鶴川店／久美堂本店／ブックファーストルミネ町田店

瑞穂町　みずほ書店／よむよむザ・モールみずほ店

三鷹市　啓文堂書店三鷹店／高橋書店／蔦屋書店深大寺店／文教堂三鷹店

武蔵野市　BOOKSルーエ／八重洲ブックセンターイトーヨーカドー武蔵境店／パルコブックセンター吉祥寺店／啓文堂書店吉祥寺店／蔦屋書店三鷹北口店／文教堂書店武蔵境駅前店／紀伊國屋書店吉祥寺東急店／ジュンク堂書店吉祥寺店／ブックファーストアトレ吉祥寺店

武蔵村山市　岡野谷書店／波多野書店／オリオン書房イオンモールむさし村山店

川崎市　啓文堂書店稲田堤店

新宿区　紀伊國屋書店新宿本店／BOOK EXPRESS新宿南口店／ブックファースト新宿店

豊島区　ジュンク堂書店池袋本店

他

たまら・び No.98
第22巻第1号（通巻第98号）定価：本体710円（税別）
2018年1月1日発行
978-4-87751-578-2

広告さくいん

［編集長］
小崎奈央子
［編集］
佐藤琴音／松岡真吾
［編集協力］
たまら・び編集室 in 武蔵野
［地域ディレクター］
萩原 修
［アートディレクター］
丸山晶崇
［デザイン］
丸山晶崇／藤山綾子
［写真］
寺島由里佳／福森翔一／本浪隆弘
［表紙］
マキヒロチ
（表紙モデル地　定食あさひ）

［企画］
多摩信用金庫
TEL 042-526-7764
［発行所］
株式会社多摩情報メディア
TEL 042-526-7777
［編集・発売］
株式会社けやき出版
〒190-0023
立川市柴崎町3-9-6高野ビル
TEL 042-525-9909
FAX 042-524-7736
［印刷］
株式会社サンニチ印刷

読者のみなさまへ

『たまら・び』 with you！

創刊から20年。『たまら・び』を手にとってくださるみなさまの声が、本誌を支えています。
『たまら・び』は多摩地域唯一の情報誌です。今後さらに多摩の魅力を発信していくため、みなさまのご意見・ご要望をお寄せください！

「この記事が面白い／つまらない」「こんな情報がほしい」「ぜひ紹介してほしい場所がある」などをlavie@keyaki-s.co.jpもしくはFacebookにお送りください。

最新情報は〈Facebook〉「たまら・び編集部」でチェック！ みなさまのご意見を、編集部一同お待ちしています！

多摩らいふ倶楽部

『たまら・び』は「多摩らいふ倶楽部」の会員に年4回お届けします。「多摩らいふ倶楽部」は充実した地域ライフを目指し、さまざまなイベントを企画。大人のライフスタイルをより豊かに、総合的にサポートしています。

<お問い合わせ・お申し込み・資料請求>
多摩らいふ倶楽部事務局
042-526-7777（受付時間は土・日・祝日を除く9:00～16:00）
http://www.tamalife.co.jp/

次号予告

たまら・び No.99（2018年春号）は2018年4月1日発売。

『たまら・び』は1月、4月、7月、10月の季刊発売です。
※編集の都合により内容が変更される場合がありますので、ご了承ください。

まちの特集

「羽村市」

玉川上水の起点となっている羽村市。水が豊かなまちは、春にはチューリップ畑が広がる、花のまちでもあります。多摩エリアで3番目に小さなまち。そこにはどんな魅力が詰まっているでしょうか。

＊本書の記事等において商品・サービス等の価格が記載されていますが、その価格表示において「税込・税別」等の表記がない場合は、消費税込の価格です。